LE SOUCI DU BIEN

PLATON

LE SOUCI DU BIEN

(*LYSIS* ET *CHARMIDE*)

Traduit du grec et présenté par
Myrto Gondicas

arléa

Collection " Retour aux grands textes "
– Domaine grec –

ISSN 1157-3880
ISBN 2-86959-154-3

INTRODUCTION

Charmide, jeune Athénien « beau comme un dieu », supérieurement doué pour la poésie et la philosophie, et qui finira massacré aux côtés de son cousin Critias, en pleine guerre civile ; Lysis, encore d'un âge à jouer aux osselets, passionné par les discussions de palestre et dont on nous assure qu'il eut plus tard une fille, Isthmonikè – on aurait retrouvé le nom sur sa tombe ; Socrate, bien sûr, avec ses coups au cœur, ses jurons favoris, sa dialectique au scalpel, ses vaticinations, sa réserve aussi : nous voici confrontés à quelques spécimens bien vivants de l'humanité athénienne de cette aube du quatrième siècle avant notre ère, qui allait voir bientôt s'écrouler le modèle politique de la cité démocratique, tandis que s'élaborait la pensée philosophique de Platon[1].

C'est dire qu'il y a là bien autre chose que de purs traités « sur l'amitié » ou « sur la sagesse » (sous-titres respectifs des deux dialogues, que nous ont légués les exégètes antiques).

1. Son école, l'Académie, fut fondée vers 387.

Sans entrer dans des précisions hors de propos, on peut, à ce sujet, faire quelques brèves remarques. D'abord, la forme du dialogue (dialogue rapporté, dans les deux cas, par Socrate à un auditeur anonyme) montre à l'œuvre – c'est surtout sensible dans le Charmide – *la méthode dialectique de Platon : rigueur des définitions discutées terme à terme, hypothèses posées, contestées ou admises et poussées jusqu'à leurs conséquences les plus extrêmes, et surtout cette fameuse « diérèse » ou division et opposition terme à terme que le sophiste Prodicos appliquait au vocabulaire, et que nous voyons ici appliquée , par Socrate, aux concepts eux-mêmes. Méthode sophistique aussi, a-t-on dit parfois, et bien des passages du* Lysis, *en tout cas, laissent cette impression d'un jeu retors sur des mots dont on s'est gardé de définir préalablement la portée : soit que Socrate donne ainsi un échantillon de savoir-faire à des interlocuteurs jeunes et sans expérience pour les inciter à réfléchir sur des idées reçues et des formules toutes faites, soit qu'à travers lui Platon, délibérément parodique, veuille dénoncer cette forme de controverse ludique et agressive qui avait nom « éristique » (ironiquement, Socrate traite justement de « professionnel de la controverse » le jeune Ménéxène qui n'en peut mais).*

Par ailleurs, les éléments qui, dans le dialogue, débordent le cadre purement théorique (descriptions, jeux de scène, récits mythiques ou inventés ad hoc) *ne sont pas – on l'a dit souvent, à juste titre – de l'ordre de l'ornement : ils font partie intégrante du débat philosophique. Celui-ci s'enracine dans un contexte historique, social, et symbolique bien déterminé. Les termes et notions qui servent de matériau de base à la discussion sont ceux qui avaient cours dans l'Athènes de cette époque, et renvoient à des niveaux différents (lieux communs largement admis sur l'amitié ; morale aristocratique reproduite passivement par Charmide, ou agressivement revendiquée et élaborée par Critias ; autorité des poètes, etc.). On ne saurait d'ailleurs oublier l'aspect apologétique de ces discussions telles que Platon nous les donne à suivre : le* Charmide, *en particulier, à travers ce qu'il est convenu d'appeler « la peinture des caractères », disqualifie indirectement les accusations d'impiété et de corruption de la jeunesse qui avaient valu à Socrate d'être condamné à mort, quelque dix ans plus tôt : qu'on en juge par le personnage de Critias, ancien disciple de Socrate devenu plus tard un réactionnaire féroce...*

Il ne saurait être question de donner ici un « résumé » (!) des dialogues, mais je voudrais établir quelques points pour servir de mode d'emploi à cette traduction.

Philia et sôphrosunè

Plutôt que l'amitié à proprement parler (le terme de philia *apparaît remarquablement peu dans le dialogue), le* Lysis *s'attaque aux notions que recouvrent les termes grecs apparentés* philos *(ami), souvent mis au neutre et traité en substantif (ce qui aime/ce qu'on aime) et* philein *(aimer). On verra l'étendue particulièrement vaste de ce champ conceptuel, qui va des réalités naturelles élémentaires – le chaud et le froid, le creux et le plein, etc. – aux relations humaines, qu'elles soient familiales, sociales ou amoureuses. Platon, ici, subordonne en fin de compte cette notion à l'amour du bien. (Les nombreux adjectifs composés où le premier élément est* philo *témoignent de cette variété d'applications, dans la langue courante, qui désigne par un même type de mot les amateurs de perdrix et ces « amants de la sagesse » que sont les philosophes...). Une des ambiguïtés primordiales dont se joue Socrate dans la discussion vient, outre ces nombreux sens et acceptions, de l'ambivalence (passif/actif) que revêt le terme* philos *(celui qui aime, mais aussi celui qui est aimé). Mon choix de traduction a été d'opter explicitement pour l'un des sens, sauf dans les cas d'indétermination ou de réciprocité ; des notes, en cours de route, permettront de suivre terme à terme le cheminement des définitions telles que les donne le texte grec.*

Ce que les Grecs appelaient couramment sôphrosunè *n'a pas, on s'en doute, d'équivalent exact dans le français contemporain. Bien entendu, en Grèce même, le concept a son histoire et son évolution propres, liées notamment aux transformations des représentations religieuses et aux différences sociales secrétant des valeurs morales distinctes, voire contradictoires. Il faut retenir en tout cas comme faisant partie du fonds commun l'idée d'équilibre mental présente dans l'étymologie du mot (c'est, littéralement, « être bien dans sa tête »), avec aussi celle de maîtrise de soi et de conscience de ses propres limites. On verra, dans les définitions proposées par Critias à propos de la différence entre « faire »* (prattein) *et « fabriquer »* (poiein)*, combien il tire la notion du côté d'une morale aristocratique où le critère est ce qui profite* *à l'individu (et bien sûr, pas n'importe lequel, pas un « vendeur de poisson séché »...). Paradoxalement, il s'appuie, pour ce faire, sur un passage d'Hésiode où le poète entendait justement établir la valeur positive du travail* (ergon), *dans une opposition implicite à la célébration homérique des « hauts faits » guerriers* (erga *: c'est le même mot) ! Ici mon parti a été l'inverse de celui pris pour le* Lysis *: un même terme, « sagesse » (et « être sage », pour le verbe associé) devrait servir d'équivalent le moins mauvais possible, permettant de suivre la progression des définitions, qui est, dans ce dialogue, bien plus rigoureuse et surtout plus explicite que dans l'autre. Le choix de ce mot répond à deux impératifs : une étendue d'acceptions assez vaste pour convenir, à peu près, à toutes les définitions ; la coexistence d'une connotation morale (le dialogue débouche sur la connaissance du bien et du mal) et d'un sens relevant de l'ordre du savoir.*

*Bien entendu, il ne manque pas de bibliographies spécialisées sur Platon où puiser de quoi étoffer ou discuter ces notations forcément sommaires. Je voudrais indiquer ici trois ouvrages qui me semblent pouvoir beaucoup faciliter, le cas échéant, un premier contact. D'abord l'*Histoire de la philosophie grecque, *de W. Guthrie (six volumes parus en anglais, de 1962 à 1981, à la Cambridge University Press : les tomes IV et V sont consacrés à Platon ; la seconde partie du tome III est sur Socrate, et la première, consacrée aux* sophistes, *a fait l'objet d'une traduction en français). Pour un autre type de lecture, on trouve rassemblés, traduits et classés dans un ordre systématique, des extraits de la plupart des dialogues dans le* Platon par lui-même *de L. Guiller-*

mit (éditions de l'Éclat, 1989) ; aux lecteurs pratiquant l'anglais, ou intéressés par une bonne bibliographie récente et sélective, il faut recommander le volume de dialogues dits « socratiques » paru en poche dans la série « Penguin Classics », clair, documenté, agréable à lire ; le Lysis *et le* Charmide *y sont traduits par D. Watt.*

Je dois enfin signaler un ouvrage plus technique, auquel j'ai recouru constament pour travailler sur le Charmide *: c'est l'étude de B. Witte,* Die Wissenschaft vom Guten und Bösen *(Berlin, 1970). Le texte dont on va lire la traduction est celui établi par J. Burnet (Oxford, 1903) ; les endroits où je me suis écartée de sa lecture sont indiqués dans des notes forcément brèves (j'espère qu'on voudra bien m'en excuser, et surtout, à l'occasion, les critiquer, bref s'en servir). Les numéros imprimés en marge du texte correspondent aux pages de l'édition des œuvres complètes de Platon, en trois volumes, par Henri Estienne (Paris, 1578). Il n'était malheureusement pas possible de préciser davantage (divisions par paragraphes et par lignes).*

Je voudrais remercier Jean Bollack, qui, à plusieurs reprises, m'a aidée à trouver un chemin dans des passages qui me semblaient bizarres ou incompréhensibles, tout en suscitant des questions sur d'autres qui m'avaient paru aller de soi ; et Claude Pinganaud, dont le travail de relecture aura contribué – autant qu'il était possible – à faire de cette traduction un texte lisible en français.

M.G.

LYSIS

SOCRATE : Je sortais de l'Académie[1] et 203
me rendais au Lycée par la route extérieure qui passe juste au pied du rempart, lorsque, devant la petite porte qui jouxte la fontaine de Panops, je tombai sur Hippothalès, fils d'Hiéronymos, et Ctésippe, du dème de Péanie[2], entourés d'un groupe compact de jeunes gens. Hippothalès, me voyant approcher, m'interpela :

– Socrate ! d'où viens-tu, et où vas-tu ?

– Je viens de l'Académie et je vais au Lycée par le plus court chemin.

– Viens ici, avec nous. Non ? Tu as tort, le détour en vaut la peine.

1. L'Académie et le Lycée sont les noms de deux gymnases situés hors les murs, le premier au nord-ouest, le second au nord-est d'Athènes. Plus tard, ce seront les emplacements respectifs des écoles philosophiques de Platon et d'Aristote.

2. Le mot de « dème » désigne à la fois une division politique et territoriale, et une communauté se réclamant d'un même ancêtre (voir ici, p. 19).

– Où veux-tu m'emmener ? Qui sont ces gens autour de toi ?

– Regarde ! (il me montrait, face au rempart, un mur d'enceinte avec une porte, ouverte), c'est là que nous passons notre temps avec tout un tas de beaux jeunes gens.

204 – Qu'est-ce que c'est que cet endroit et qu'est-ce qu'on y fait ?

– C'est une palestre[1] qu'on vient de construire ; nous y passons le plus clair de notre temps en discussions et nous aimerions bien que tu viennes discuter avec nous.

– Bravo ! et qui enseigne ici ?

– Ton camarade et zélateur Mikkos.

– Par Zeus ! voilà un homme hors du commun, un vrai savant.

– Alors, tu viens avec moi, pour voir tout ce monde-là de tes propres yeux ?

– J'aimerais d'abord savoir ce qu'on attend de moi et qui est le héros du jour.

– Sur ce point, Socrate, les avis diffèrent.

– Mais toi, Hippothalès, donne-moi le tien !

Sur quoi il devint tout rouge, et moi :

– Hippothalès, mon cher ami, inutile de me dire si tu es amoureux ou non, je sais que

1. Les palestres étaient des écoles de lutte, situées à l'origine au voisinage d'un gymnase, puis souvent (à l'époque de Platon) des établissements indépendants. Il était courant que les vestiaires soient utilisés comme lieu de réunion et de discussion.

tu l'es, et même assez passionnément. Eh oui ! je ne vaux pas grand-chose pour tout le reste, mais j'ai reçu des dieux un cadeau : savoir reconnaître très vite qui est amoureux, et de qui.

A ces mots, il devint plus rouge encore, et Ctésippe s'écria :

– C'est très joli à toi, Hippothalès, cette façon de rougir et d'hésiter, devant Socrate, à nommer qui tu sais ! Mais qu'il reste un peu près de toi, il n'en pourra plus de t'entendre débiter tes discours... Tu sais, Socrate, tous, ici, nous avons les oreilles qui bourdonnent, qui débordent de Lysis. Et, quand il a un peu trop bu, il n'est pas rare qu'au réveil il nous semble encore entendre résonner son nom. D'ailleurs si sa conversation ordinaire est assez éprouvante, ce n'est rien au prix de ce qui nous tombe dessus quand il se met à nous réciter ses compositions en vers ou en prose ; et le pire, c'est qu'en l'honneur de son idole il chante avec une voix... étonnante, et dont nous profitons bon gré mal gré. Et avec tout cela, voilà que ta question le fait rougir !

– Ce Lysis, dis-je, c'est un jeune garçon, n'est-ce pas ? J'en veux pour preuve que son nom ne m'a rien dit tout à l'heure.

– C'est qu'on ne l'appelle pas souvent par ce nom-là ; en général, on lui donne celui de son père, qui est quelqu'un de très connu. D'ailleurs je sais que sa beauté, elle, ne t'est pas du tout inconnue : il ne t'en faudra pas plus pour le remettre.

– Dis-moi donc le nom de son père !

– C'est le fils aîné de Démocratès, du dème d'Axioné .

– Ma parole, Hippothalès, voilà un noble et vaillant amour ! fais-moi donc profiter des démonstrations auxquelles ont eu droit tes amis ici présents, que je voie si tu sais com-
205 ment il faut parler du garçon dont on est amoureux – à lui ou devant des tiers.

– Quoi, Socrate ! tu attaches de l'importance à ce que dit cet homme ?

– Hippothalès, est-il faux que tu sois amoureux du garçon en question ?

– Non, rien de plus vrai : seulement je n'écris rien en son honneur, ni en prose ni en vers.

– Il n'est pas bien, fit Ctésippe, c'est du délire, de la folie furieuse !

Et moi :

– Tu sais, Hippothalès, pas la peine de me faire entendre les vers ni les airs que tu as pu composer pour ce jeune homme : dis-m'en plutôt le fond, que je sache comment tu te comportes envers l'objet de ton désir.

– Ctésippe va te dire cela très bien : il sait

tout jusqu'au plus petit détail puisque, à l'entendre, je passe ma vie à lui en rebattre les oreilles.

– Par les dieux, c'est la pure vérité ! et d'ailleurs, Socrate, tout cela est à mourir de rire. Voilà un homme amoureux, qui a, plus qu'aucun autre, l'esprit entièrement tourné vers l'objet de ses vœux, et qui ne trouve pas à lui dire un seul mot de son cru si ce n'est ce qu'un enfant pourrait dire ! N'est-ce pas d'un ridicule achevé ? Mais qu'il s'agisse de célébrer – comme le fait tout Athènes – Démokratès, ou Lysis, le grand-père du garçon, ou toute la lignée de ses ancêtres, leurs richesses, leurs chevaux, leurs victoires aux Jeux pythiques, isthmiques ou néméens [1], dans les courses de chars ou de chevaux, alors il en fait des poèmes, des discours, en y ajoutant d'autres histoires plus antédiluviennes encore... Rien qu'avant-hier, il nous a récité une espèce de poésie sur l'hospitalité offerte à Héraklès par l'ancêtre de la lignée, qui reçut ce héros sous son toit en vertu de leur parenté – vu qu'il était lui-même issu de l'union de Zeus avec la fille du fondateur de leur dème – enfin toutes sortes de contes de bonne femme. Voilà,

1. Ce sont les principaux jeux sportifs communs à toute la Grèce, à l'exception des Jeux olympiques. Le genre de « célébration » évoquée fait penser au lyrisme de Pindare, mort au moins dix ans avant la naissance de Platon.

Socrate, le genre de sujets qu'il traite, en prose et en vers, en nous enrôlant de force comme auditeurs.

Et moi, entendant cela :

– Hippothalès, mais c'est grotesque ! C'est donc vrai que tu chantes tes propres louanges avant la victoire ?

– Mais, Socrate, ce n'est pas pour moi !

– C'est ce que tu crois.

– Comment cela ?

– Ces hymnes-là s'adressent à toi plus qu'à aucun autre. Car si tu viens à bout d'un garçon comme celui-là, de tout ce que tu auras dit de lui, de tes discours, de tes poèmes, l'honneur rejaillira sur toi : ce seront autant d'odes à ta victoire, étant donné la qualité de ta conquête. Mais s'il t'échappe, plus tu auras encensé l'objet de tes vœux, plus tu seras exposé au ridicule pour n'avoir pas su t'assurer d'une si belle
206 proie. Voilà pourquoi, mon cher, quand on s'y connaît dans les choses de l'amour, on ne fait pas l'éloge de celui qu'on désire avant d'avoir achevé sa conquête : on se méfie trop de ce qui pourrait arriver. D'ailleurs un beau garçon qui s'entend adresser louanges et compliments devient vite imbu de lui-même et vaniteux... tu ne crois pas ?

– Oh, si.

– Alors, plus il sera vaniteux, plus il sera difficile à avoir ?

– Ça m'en a tout l'air.

– Bon ; et que penserais-tu d'un chasseur qui effaroucherait son gibier et le rendrait plus difficile à prendre ?

– Ce serait un mauvais chasseur, évidemment.

– Eh bien, si, avec des paroles et des chants, au lieu de charmer sa proie, on la fait fuir, n'est-on pas complètement réfractaire aux grâces des Muses ?

– Si, je crois.

– Alors, Hippothalès, tâche d'éviter que ton zèle poétique ne t'expose à ce travers. Je pense que tu conviendras avec moi qu'un homme qui se fait tort à soi-même avec la poésie ne saurait être bon poète, étant mauvais serviteur de sa propre cause

– Bien sûr, par Zeus ! soutenir le contraire serait absurde. Mais justement, Socrate, c'est à ce propos que je voudrais de tes conseils : si tu as encore d'autres choses à dire là-dessus, vas-y : comment parler, comment se comporter pour se faire bien voir du jeune garçon dont on est amoureux ?

– Ce n'est pas si facile à dire ; mais si tu veux bien me procurer une occasion de lui parler, je pourrai peut-être te montrer comment il faut s'y prendre pour discuter avec lui, au lieu de lui débiter discours et poèmes, comme il paraît que tu le fais.

– Rien de plus simple : tu n'as qu'à accompagner Ctésippe à la palestre, t'asseoir et engager une discussion avec lui ; je crois qu'il viendra vers toi de lui-même. C'est un garçon qui adore écouter – et comme, en plus, nous sommes en pleine fête d'Hermès, les jeunes gens et les garçons ne sont pas séparés. Donc, Lysis et ses camarades viendront te trouver. Sinon, s'il ne vient pas de lui-même, comme il connaît bien Ctésippe par son neveu Ménéxène avec lequel il est justement très lié, Ctésippe n'aura qu'à l'appeler.

– Parfait, dis-je, allons-y.

Et, flanqué de Ctésippe et suivi de tous les autres, je me mis en route vers la palestre. A l'intérieur, nous tombons sur les jeunes garçons qui avaient fini ce qu'ils avaient à faire dans le sacrifice ; la cérémonie pratiquement terminée, ils étaient là, à jouer aux osselets dans leurs habits de fête. La plupart étaient dehors, dans la cour, mais un petit groupe se tenait dans un coin des vestiaires et jouait à pair et impair à l'aide de dés qu'ils tiraient d'une sorte de petite corbeille ; debout autour d'eux, d'autres les regardaient. Au milieu de ce groupe de garçons et d'adolescents se tenait
207 Lysis, sa couronne sur la tête [1], avec une grâce

1. Cette couronne, faite de feuilles, distingue ceux qui prennent part à une cérémonie religieuse.

qui le distinguait de tous les autres : ce garçon n'était pas seulement beau, il respirait la noblesse[1]. Nous leur tournons le dos pour aller nous asseoir du côté opposé (plus calme), et nous nous mettons à parler entre nous. Lysis n'arrêtait pas de se retourner pour nous observer : visiblement, il avait envie de nous rejoindre... Il resta un moment dans l'embarras, hésitant à faire le chemin tout seul ; mais voilà que dans l'intervalle Ménéxène quitte la cour où il jouait et vient à l'intérieur : dès qu'il nous aperçoit, Ctésippe et moi, il s'approche et prend place auprès de nous. Lysis, le voyant faire, le suit et lui aussi vient s'asseoir à nos côtés, près de Ménéxène ; puis le reste du groupe vient les rejoindre, tant et si bien qu'Hippothalès, voyant ce supplément de spectateurs debout, se sert d'eux comme d'un écran pour se poster à un endroit où il pensait que Lysis ne pouvait le voir, car il craignait de lui être importun ; de ce poste, il suit notre conversation.

Me tournant alors vers Ménéxène :

– Dis-moi, fils de Démophon, lequel de vous deux est l'aîné ?

1. Littéralement : « on pouvait à bon droit dire de lui, non seulement qu'il était beau (*kalos*), mais beau et bon (*kalos kagathos*) ». C'est une expression-standard évoquant un mélange spécifique, idéal, de beauté physique et de qualités morales où le courage tient une grande place.

– Nous ne sommes pas d'accord là-dessus.

– Alors vous devez aussi vous disputer pour savoir lequel de vous est le mieux né...

– Mais oui !

– ... et aussi, je parie, pour savoir qui est le plus beau.

Tous les deux se mirent à rire.

– Je n'irai pas vous demander lequel est le plus riche ; car vous êtes amis, pas vrai ?

– C'est vrai, firent-ils en chœur.

– Bon ; eh bien, comme on dit qu'entre amis tout est commun, il ne saurait y avoir de différence entre vous sur ce chapitre-là, si ce que vous dites de votre amitié est vrai.

Ils en convinrent.

Ensuite, je me mis à leur poser des questions pour leur faire dire lequel d'entre eux était le plus juste et le plus sage mais, sur ces entrefaites, quelqu'un arriva qui fit lever Ménéxène en disant que le maître de gymnastique l'appelait. Je crus comprendre qu'il avait quelque chose à faire dans la cérémonie.

Il s'en va, donc, et je me tourne vers Lysis :

– Dis-moi, Lysis, est-ce qu'on peut dire que ton père et ta mère t'aiment fort ?

– Mais oui !

– Par conséquent, ils souhaitent que tu sois le plus heureux possible ?

– Évidemment.

– Mais crois-tu qu'un homme soit heureux s'il vit en esclave, sans pouvoir faire ce dont il a envie ?

– Ah non, par Zeus !

– Donc, si ton père et ta mère t'aiment et désirent ton bonheur, il est évident qu'ils font tout leur possible pour que tu sois heureux ?

– Forcément.

– Alors ils te laissent faire ce que tu veux, sans jamais te réprimander ni t'empêcher d'agir comme tu l'entends ?

– Grands, dieux, Socrate, non ! et même ils m'en empêchent très souvent.

– Comment ? ils souhaitent ton plus grand bonheur, et t'empêchent de faire ce que tu
veux ? Explique-moi cela. S'il te prenait fan- 208
taisie de monter sur un des chars de ton père et de tenir les rênes pour le mener dans une course, il ne te laisserait pas faire, il t'en empêcherait ?

– Bien sûr qu'il ne me laisserait pas faire, par Zeus !

– Mais alors, à qui le permettrait-il ?

– Il y a un cocher, qui reçoit des gages de mon père.

– Quoi ? on souffre qu'un mercenaire, plutôt que toi, en use à sa guise avec les chevaux, et en plus on le paye pour cela ?

– Et comment non ?

– Mais on te laisse bien conduire l'attelage de mulets ? Je ne pense pas qu'on t'empêche de leur donner du fouet quand tu en as envie.

– Et comment me laisserait-on ?

– Personne n'a le droit de les frapper ?

– Si fait, le muletier.

– Est-ce un homme libre ou un esclave ?

– Un esclave.

– Donc tes parents, apparemment, ont plus d'estime pour un esclave que pour toi, leur propre fils. Ils lui confient plus volontiers qu'à toi leurs affaires en le laissant agir à sa guise, alors qu'ils t'en empêchent... Dis-moi encore une chose. Est-ce qu'ils te laissent être ton propre maître ou est-ce que même cela t'est refusé ?

– Oh non ! je ne peux pas.

– Donc, quelqu'un te commande ?

– Oui, l'homme que tu vois ici, mon pédagogue[1].

– C'est un esclave ?

– Bien sûr ! il nous appartient.

– Comme c'est étrange ! Voilà un esclave qui commande à un homme libre. Et cette autorité qu'il a sur toi, comment l'exerce-t-il ?

– Eh bien... il m'emmène à l'école.

– Tiens ! Et tes maîtres, eux aussi, ils te commandent ?

1. Pédagogue : domestique chargé de veiller sur les enfants de bonne famille, en l'absence des parents.

– Et comment !

– Ton père te place donc, de son plein gré, sous l'autorité d'un tas de chefs et de maîtres... Mais quand tu reviens à la maison, auprès de ta mère, est-ce qu'elle te laisse faire ce que tu veux de sa laine et de son métier à tisser, pour le plus grand bonheur de son petit garçon ? Ne me dis pas qu'elle t'empêche de toucher à son tasse-fils, à sa navette ou aux autres instruments qui lui servent à filer la laine.

Et lui de rire en s'exclamant :

– Grands dieux, Socrate ! Non seulement elle m'en empêche mais elle me frapperait si j'y touchais.

– Ciel ! aurais-tu causé du tort à ton père ou à ta mère ?

– Oh ! non, jamais.

– Mais alors, qu'as-tu fait pour qu'on t'empêche aussi sévèrement d'être heureux et d'agir à ta guise en te maintenant, à longueur de journée, sous la coupe de tel ou tel, sans presque jamais rien faire de ce dont tu as envie ? Apparemment, toutes tes richesses ne te servent de rien, puisque tu es le dernier à
pouvoir y toucher ; pas plus que ta propre per- 209
sonne, malgré toute ta prestance, puisque, là encore, il y a quelqu'un pour veiller dessus et s'en occuper. Mais toi, Lysis, tu n'as personne sous ton autorité, et tu ne fais rien de ce que tu veux.

– Mais, Socrate, c'est que je suis trop petit.

– Es-tu certain, fils de Démocratès, que ce soit là la vraie raison ? Il y a au moins une chose, j'en suis sûr, que ton père et ta mère te donnent à faire sans attendre que tu sois grand : lorsqu'ils ont un document à écrire ou à se faire lire, je parie que c'est à toi, dans toute la maisonnée, qu'ils confient en priorité cette tâche. Est-ce que je me trompe ?

– Non, c'est vrai.

– Eh bien, quand tu fais cela pour eux, tu es libre d'écrire tel ou tel caractère en premier ou en second, comme tu le décides, de même quand tu lis ; et j'imagine que lorsque tu joues de la lyre, ni ton père ni ta mère ne t'empêchent de tendre telle corde ou d'en détendre telle autre, selon ton bon plaisir, ni de les pincer ou de les frapper avec le plectre. Mais peut-être que je me trompe ?

– Pas du tout.

– Alors, Lysis, comment expliquer que, dans le cas présent, ils te laissent faire alors qu'ils t'interdisent tout ce dont nous parlions tout à l'heure ?

– C'est parce que je sais lire, écrire et jouer de la lyre mais pas le reste.

– Très bien, mon cher. Donc, ce qu'attend ton père pour te laisser la bride sur le cou, ce n'est pas que tu aies atteint ta majorité ; mais si un jour il juge que tu en sais plus que lui, il remettra alors entre tes mains son propre sort avec celui de sa fortune.

– Oui, sans doute.

– Bon ; et ton voisin, n'en userait-il pas avec toi selon le même critère que ton père ? Crois-tu, si un jour il jugeait que tu en sais plus que lui en matière d'économie domestique, qu'il te confierait le soin d'administrer ses biens ou qu'il s'en occuperait lui-même ?

– Je crois qu'il s'en remettrait à moi.

– Et les citoyens d'Athènes, ne crois-tu pas qu'ils te confieraient la direction de leurs affaires, s'ils étaient convaincus de ta compétence ?

– Si.

– Mais, par Zeus !... et le Roi de Perse ? à ton avis, si on lui préparait un ragoût de viande, laisserait-il son fils aîné – le futur souverain de l'Asie – mettre dans la sauce les ingrédients de son choix ou nous confierait-il ce soin (à supposer que nous arrivions à sa cour et lui fassions voir que nous nous y connaissons mieux que son fils en cuisine) ?

– Il nous laisserait faire, évidemment.

– Et il ne permettrait même pas à son fils de toucher à la marmite mais il nous laisserait, nous, y mettre tout ce que nous voudrions, fût-ce du sel par poignées ?

– Forcément.

– Mais si son fils souffrait des yeux, est-ce qu'il le laisserait y mettre lui-même les mains, s'il pensait qu'il ne sait pas la médecine, ou
210 est-ce qu'il l'en empêcherait ?

– Il l'en empêcherait.

– Mais nous, s'il pensait que nous sommes médecins et nous voyait prêts à lui écarter les paupières pour y jeter de la cendre, je crois qu'il nous laisserait faire, parce qu'il estimerait que nous agissons en connaissance de cause ?

– C'est vrai.

– Alors, est-ce que, plus généralement, il nous confierait n'importe quelle responsabilité plutôt qu'à son fils ou à lui-même, du moment qu'il estimerait que nous nous y connaissons mieux qu'eux ?

– Forcément, Socrate.

– Eh bien, mon cher Lysis, voici où nous en sommes : dans tous les domaines où nous nous serons rendus compétents, tout le monde – Grecs ou barbares, hommes ou femmes, n'importe – s'en remettra à nous et nous laissera agir à notre guise, sans chercher à nous mettre de bâtons dans les roues ; sur ce terrain-là, nous aurons toute liberté, nous commanderons aux autres et toutes choses seront à nous car nous en tirerons profit. Mais là où nous serons restés ignorants, personne ne nous confiera la responsabilité de décider ; tout le monde essaiera, autant que possible, d'empêcher que nous nous en mêlions, et pas seulement les gens qui ne nous sont rien, mais nos propres père et mère, et les êtres plus proches encore, si faire se peut : pour toutes ces choses-là, nous dépendrons d'autrui ; elles nous demeureront étrangères car elles ne nous rapporteront rien du tout. Tu es d'accord là-dessus ?

– Oui.

– Alors, se pourra-t-il que nous soyons amis de quelqu'un et qu'on nous aime pour des choses où nous ne serions d'aucune utilité ?

– Sûrement pas.

– Donc, par exemple, si ton père ne t'aime pas c'est que tu ne sers à rien [1] ; et en général, on n'aime jamais personne dans ces conditions.

– Ça m'en a tout l'air.

– Alors, mon garçon, si tu deviens habile homme, tu n'auras que des amis et des proches – puisque tu seras quelqu'un d'utile et de bien ; autrement, personne ne t'aimera [2], pas même ton père, ni ta mère, ni tes proches. Et dis-moi, Lysis, peut-on se monter la tête à pro-

1. Le texte ne précise pas *pour qui.*

2. Littéralement : « personne ne sera pour toi un ami ». Sur les différentes traductions de *philos,* voir l'introduction.

pos de quelque chose qu'on ne s'est pas encore mises dans la tête ?

– Euh... non.

– Mais si tu as besoin d'aller à l'école, il y a beaucoup de choses que tu ne t'es pas encore mises dans la tête.

– C'est vrai.

– Donc, s'il est vrai qu'elle n'est pas encore très remplie, tu n'as aucune raison de te monter la tête ?

– Par Zeus, Socrate, je crois que tu as raison.

A ces mots, je jetai un coup d'œil en direction d'Hippothalès et, pour un peu, j'aurais fait une bêtise ; j'étais sur le point de lui dire : « Voilà comment parler à un garçon dont on est amoureux, pour le dégonfler et lui inspirer l'humilité, au lieu de le pourrir et de le gâter comme toi ! », mais, en le voyant nerveux et tout troublé par ce qu'il venait d'entendre, je me souvins qu'il voulait rester là incognito : je me ravisai donc et repris la discussion.

211 Sur ces entrefaites, voilà Ménéxène qui revient et va prendre, auprès de Lysis, la place qu'il avait quittée. Alors Lysis, tourné vers moi et parlant à voix basse pour n'être pas entendu de son voisin, me dit sans façon, l'air espiègle :

– Socrate, ce que tu viens de me dire, dis-le à Ménéxène !

– C'est toi, fis-je, qui vas le lui dire car tu as été attentif de bout en bout.

– Pour ça, oui !

– Alors, tâche de te rappeler de ton mieux notre conversation pour lui dire tout bien clairement ; si quelque chose t'a échappé, dès que tu tomberas dessus, dis-le moi sans hésiter.

– Je n'y manquerai pas, Socrate, et tu peux croire que je m'appliquerai. Mais parle plutôt encore à Ménéxène pour que j'en profite aussi, jusqu'à l'heure de rentrer à la maison.

– Puisque c'est ta volonté, pas moyen de refuser ! Mais tiens-toi prêt à me porter secours si Ménéxène cherche à me coincer avec ses questions ; tu sais, n'est-ce pas, que c'est un professionnel de la controverse ?

– Je le sais bien, par Zeus ! C'est même pour cela que j'aie envie que tu discutes avec lui.

– Ah oui, pour que je me couvre de ridicule ?

– Pas du tout ! pour le remettre à sa place.

– Et comment faire ? Tu crois que c'est facile ? Ce type-là est dangereux, c'est un élève de Ctésippe... D'ailleurs, tu vois, il a son maître à côté de lui.

– Ne t'occupe pas de cela, Socrate ! Vas-y, discute avec lui.

– Bon ! il faut y aller.

Notre aparté fut interrompu par Ctésippe :

– Dites donc, vous deux ! qu'avez-vous à vous régaler dans votre coin au lieu de nous faire profiter de la conversation ?

– Très bien, dis-je, écoutez : il y a, dans ce que j'ai dit tout à l'heure, quelque chose que mon voisin ne comprend pas ; mais il prétend que Ménéxène sait de quoi il retourne et il veut que je lui pose des questions.

– Alors, qu'est-ce que tu attends pour le faire ?

– Voilà, j'y vais ! Ménéxène, réponds à ce que je vais te demander. Il se trouve que, depuis mon plus jeune âge, je rêve de posséder certaine chose (tout le monde rêve de quelque chose, chacun à sa manière. Il y a des gens qui rêvent d'avoir des chevaux, d'autres, des chiens, d'autres, de l'or, d'autres encore, des honneurs ; pour ma part, tout cela me laisse froid ; ce que je désire passionnément, c'est d'avoir des amis). J'aimerais mieux avoir un ami qui soit homme de bien plutôt que la plus belle perdrix ou que le plus beau coq du monde, et même, par Zeus ! plutôt qu'un chien ou qu'un cheval. Nom d'un chien ! Je crois bien qu'à tout l'or de Darius je préférerais cent fois un compagnon, tellement j'aime
212 avoir des amis. Alors, lorsque je vous vois, Lysis et toi, les bras m'en tombent ; je me dis

que vous êtes vraiment heureux d'avoir su, malgré votre jeune âge, vous assurer vite et facilement de ce bien-là, puisque tu t'es fait de Lysis, en peu de temps, un ami très solide, comme lui de toi. De mon côté, je suis si loin du compte que je ne sais même pas comment on devient l'ami de quelqu'un. Voilà le sujet sur quoi je voudrais t'interroger, puisque tu en as l'expérience. Dis-moi : si une personne en aime une autre, qui est l'ami de qui ? Celui qui aime est-il l'ami de celui qu'il aime, ou l'inverse ? Ou est-ce que cela revient au même ?

– Il me semble que cela revient au même.

– Comment vois-tu la chose ? Est-ce tous les deux sont chacun ami de l'autre s'il n'y en a qu'un des deux qui aime ?

– Oui, je crois.

– Mais n'arrive-t-il pas qu'on aime quelqu'un sans qu'il vous aime en retour ?

– Si, cela arrive.

– Et même qu'on aime et qu'on soit haï ? Je pense à ce qui apparemment arrive quelquefois quand on est amoureux d'un jeune garçon : on aime autant qu'il est possible mais on est convaincu de n'être pas payé de retour ; parfois même, on croit être détesté... Mais peut-être penses-tu que c'est une erreur ?

– Non, c'est tout à fait vrai.

– Donc, dans ce cas, il y en a un qui aime tandis que l'autre est aimé ?

– Oui.

– Eh bien alors, qui est l'ami de qui ? Celui qui aime l'est-il de celui qui est aimé, sans qu'il importe de savoir s'il est payé de retour ou si on le hait, ou est-ce l'inverse ? Ou bien encore, est-ce que, dans une situation comme celle-là, s'ils ne s'aiment pas tous les deux, aucun des deux n'est ami de l'autre ?

– Je crois que c'est comme tu viens de dire.

– Nous avons donc changé d'avis depuis tout à l'heure : nous disions que si l'un des deux aimait l'autre, ils étaient amis tous les deux ; alors que maintenant, s'ils ne sont pas deux à aimer, aucun des deux n'a droit au nom d'ami ?

– Ça m'en a tout l'air.

– Donc il n'est pas possible d'être ami de qui vous aime à moins de l'aimer en retour.

– Apparemment non.

– Alors, on ne peut pas aimer les chevaux à moins d'en être aimé, et la même chose vaut pour les amateurs de perdrix, de vin ou d'athlétisme – et aussi pour les gens passionnés de savoir (à moins que le savoir ne les paie de retour)[1]. Ou bien est-ce qu'on aimerait tous

1. Toute cette phrase, en grec, énumère des adjectifs composés dont le premier terme est *philo–* ; « gens passionnés de savoir » = *philosophoi*. Voir l'introduction.

ces objets sans qu'ils soient vos amis, ce qui ferait mentir le poète [1] lorsqu'il dit :

Heureux qui a des garçons à aimer, de bons chevaux,
Des chiens de chasse, et un hôte étranger ?

– Oh non, je ne crois pas.

– Tu penses qu'il dit vrai ?

– Oui.

– Par conséquent, Ménéxène, il semble que tout objet aimé est ami de celui qui l'aime, que cet amour soit réciproque ou même payé de haine. Prenons, par exemple, un très jeune 213
enfant à qui son père ou sa mère donne une correction : à ce moment, soit qu'il n'ait pas encore l'âge d'éprouver de l'amour, soit même qu'il ressente de la haine à leur égard, il reste malgré tout l'être que ses parents aiment le plus au monde ?

– Je crois que c'est cela.

– Donc, d'après cet exemple, est ami non celui qui aime mais celui qui est aimé.

– Ça m'en a bien l'air.

– Par conséquent, l'ennemi, c'est celui que l'on hait, et non celui qui hait.

– Apparemment.

– Alors il y a une foule de gens qui sont

1. C'est Solon, le législateur. L'adjectif *philoi* (rendu par « à aimer ») porterait, selon Socrate, aussi sur les chiens et les chevaux qui – par hypothèse – ne sont pas *sujets* aimants : d'où la déduction qui suit.

aimés de leurs ennemis et détestés par leurs amis, qui sont amis de leurs ennemis et ennemis de leurs amis, s'il est vrai que l'ami n'est pas celui qui aime mais celui qui est aimé ! Pourtant, cher ami, c'est une chose absurde, ou plutôt, impossible, que d'être l'ennemi de son ami et l'ami de son ennemi...

– Il me semble que tu as raison, Socrate.

– Eh bien alors, si ce n'est pas possible, c'est peut-être le sujet aimant qui est ami de l'objet aimé.

– Oui, on le dirait.

– Donc, inversement, celui qui hait est ennemi de l'objet de sa haine.

– Forcément.

– Alors, nous allons nous trouver forcés d'admettre la même conséquence que tout à l'heure : que, dans beaucoup de cas, on est l'ami de qui n'est pas le vôtre, et souvent, même, l'ami de son ennemi, dès qu'on aime qui ne vous aime pas ou qui vous hait ; et aussi qu'on est bien souvent l'ennemi de qui ne l'est pas pour vous, ou même l'ennemi de son ami, du moment qu'on hait qui ne vous hait pas, voire qui vous aime.

– J'en ai bien peur.

– Mais que faire, alors, si nous ne pouvons qualifier d'amis ni ceux qui aiment, ni ceux qui sont aimés, ni ceux qui, à la fois, aiment et sont aimés ?

– Ma foi, Socrate, je ne sais pas trop quoi penser.

– Dis moi, Ménéxène... et si, pendant tout ce temps-là, nous n'avions pas cherché comme il fallait ?

– Mais oui, c'est ça, Socrate ! dit Lysis, et aussitôt il rougit ; il me sembla que cette remarque avait fini par lui échapper malgré lui, à force de se concentrer sur ce que nous disions : et, en effet, il avait suivi toute la discussion avec une attention évidente.

Alors, pour laisser un répit à Ménéxène et charmé, en même temps, de cette passion de comprendre, je changeai d'interlocuteur, et, prenant Lysis à partie :

– Je crois que tu as raison, Lysis : si nous avions mené l'enquête comme il fallait, nous ne nous serions pas ainsi fourvoyés. Mais laissons cette piste (j'ai l'impression que cette recherche est une voie semée d'embûches) ; je crois qu'il faut retourner à l'endroit où nous avons bifurqué pour examiner la question telle qu'on la trouve posée chez les poètes ; car ces 214
hommes-là sont pour nous comme les pères et les précurseurs de toute connaissance. On doit supposer qu'ils ne se trompent pas lorsqu'ils nous donnent à voir quels êtres sont amis : selon eux, c'est la divinité en personne qui les rend tels en les poussant à se rappro-

cher les uns des autres – et je crois qu'ils s'expriment à peu près comme ceci :

Toujours un dieu fait s'assembler qui se ressemble[1],

et fait connaître l'un à l'autre. A moins que tu n'aies jamais entendu ces vers ?

– Bien sûr que si !

– Et tu as aussi rencontré cette même idée dans les écrits des plus grands sages, d'après qui le semblable est nécessairement l'ami de son semblable ? Je veux parler de ceux qui soutiennent des discussions, ou qui écrivent, au sujet de la nature et de l'univers.

– C'est vrai.

– Eh bien, est-ce qu'ils ont raison ?

– Peut-être.

– Peut-être qu'ils ont raison à moitié, ou peut-être complètement mais j'avoue que je ne comprends pas. Il me semble, en tout cas, qu'un méchant homme, pour un autre de son espèce, deviendra d'autant plus haïssable[2] qu'il l'aura approché de plus près et fréquenté plus longtemps : car il lui causera du tort ; et il

1. Homère, *Odyssée*, XVII, v. 218 ; vers précédent : « Il fait beau voir un gueux guider un autre gueux. » Eumée amène le « mendiant » Ulysse au festin des prétendants ; c'est le chevrier Mélanthos, croisé en route, qui leur parle.

2. Plus haïssable : littéralement « davantage son ennemi ». Sur la distinction des sens actif et passif de ce terme, voir l'introduction.

n'est guère concevable qu'auteur et victime d'un préjudice soient amis. Tu ne crois pas ?

– Si.

– Voilà donc comment une moitié de notre proposition a toutes les chances d'être fausse, s'il est vrai que les méchants se ressemblent entre eux.

– Tu as raison.

– Mais ce que veulent dire les sages, à mon avis, c'est que les gens de bien sont semblables entre eux et amis les uns des autres, alors que les méchants (et c'est justement ce qu'on dit à leur propos) ne sont jamais semblables, ne fût-ce qu'à eux-mêmes, mais sujets à l'inconstance et à l'instabilité. Or ce qui est dissemblable et différent de soi-même ne saurait être le semblable ni l'ami de nulle autre chose. Tu ne crois pas ?

– Si.

– Eh bien, mon cher, je crois que nous tenons là le sens caché de l'expression « le semblable est l'ami de son semblable » : c'est que l'homme de bien, et lui seul, est ami de l'homme de bien (et de celui-là seulement), tandis que le méchant ne peut jamais avoir un vrai rapport d'amitié, ni avec un homme de bien, ni avec un méchant. Tu es d'accord ?

Il fit oui de la tête.

– Nous savons donc maintenant à quel

genre de gens convient le nom d'amis : d'après les indications de notre raisonnement, c'est aux gens de bien.

– En effet, tout porte à le croire.

– C'est aussi mon avis. Et pourtant, il y a là-dedans quelque chose qui me gêne... Allons, par Zeus ! Voyons un peu ce qui éveille mes soupçons. Si le semblable est l'ami de son semblable, est-ce en vertu de cette similitude ? Et deux êtres de cette sorte peuvent-ils tirer profit l'un de l'autre ? Ou plutôt : étant donné deux choses semblables, est-il possible que l'une soit cause, pour l'autre, d'un bien ou d'un mal que celle-ci ne pourrait se faire à elle-même ? Et que pourrait-elle attendre de l'autre qu'elle ne
215 serait pas à même de se faire toute seule ? Dès lors, comment deux êtres semblables pourraient-ils éprouver de l'attachement l'un pour l'autre puisqu'ils ne sont, entre eux, d'aucun secours ? Est-ce concevable ?

– Non.

– Mais peut-on qualifier d'ami ce à quoi on n'est pas attaché ?

– Non, ce n'est pas possible.

– Nous y voici : le semblable ne peut être l'ami de son semblable. Mais peut-on supposer que l'homme de bien soit ami de l'homme de bien en tant que tel, et non en vertu de leur similitude ?

– Peut-être.

– Bon ; mais n'est-il pas vrai que l'homme de bien, dans la mesure où il est bon, se suffit à lui-même ?

– Si.

– Et quiconque a la suffisance, dans la mesure où il l'a, n'a besoin de rien ?

– Cela va de soi.

– Or, qui n'a besoin de rien n'a de raison de s'attacher à rien.

– C'est sûr.

– Mais si on n'éprouve aucun attachement, on n'aime pas ?

– Évidemment.

– Et si on n'aime pas, on n'est pas un ami ?

– Apparemment non.

– Alors, comment même supposer que des gens de bien puissent être amis puisque, séparés, ils n'ont pas le désir de se rapprocher (même dans l'éloignement, ils se suffisent à eux-mêmes) et que, s'ils sont ensemble, ils n'ont pas besoin les uns des autres ? Le moyen que des gens ainsi disposés fassent grand cas les uns des autres ?

– C'est impossible.

– Et s'ils n'en font pas si grand cas, il n'y a guère d'apparence qu'ils soient amis ?

– C'est vrai.

– Mais, Lysis, regarde un peu comme nous

nous égarons ! Est-ce que nous nous serions trompés de bout en bout ?

– Comment cela ?

– Un jour, j'ai entendu dire à quelqu'un (cela me revient à l'instant) qu'on n'a pas pire ennemi que son semblable ; et qu'il n'est pire ennemi qu'un homme de bien pour un autre. Il invoquait le témoignage d'Hésiode, en citant les vers :

Le potier en veut au potier, l'aède à l'aède
Et le mendiant au mendiant[1]

et soutenait qu'il en allait de même pour tout le reste : selon lui, nécessairement, plus les êtres sont semblables, plus ils suscitent, les uns chez les autres, d'envie, de rivalité et de haine ; plus ils diffèrent, plus ils font naître d'amitié. Car, disait-il, le pauvre est forcément l'ami du riche et le faible du fort, à cause de l'appui qu'ils en attendent, comme le malade du médecin, et comme, toujours, l'ignorant s'attache à celui qui sait, et l'aime. Et, s'élevant à de plus hauts sommets d'éloquence, il poursuivait son propos en soutenant qu'on n'est, en fin de compte, jamais l'ami de son semblable, bien au contraire, et que, plus deux

1. *Les Travaux et les jours,* v. 25-26. La suite traduit le texte des manuscrits sans l'addition de *pros* (215 d3).

êtres sont opposés, plus ils sont amis. Toute chose, en effet, aspire à son contraire et non à son semblable : le sec appelle l'humide, le froid le chaud, le doux l'amer, le pointu l'arrondi ; le vide aspire à être rempli et le plein à être creusé – et ainsi de suite, pour tout, car le contraire se nourrit de son contraire ; mais le semblable ne saurait trou-
ver nulle satisfaction dans son semblable. Et je 216
t'assure, mon cher, tout ce qu'il disait là avait l'air très intelligent. Il s'exprimait si bien... Mais vous, qu'en pensez-vous ?

– Il me semble, fit Ménéxène, qu'il a bien parlé, si j'en crois ta version.

– Nous dirons donc que le meilleur ami du contraire, c'est son contraire ?

– Certainement.

– Bien. Tu ne trouves pas, Ménéxène, que c'est vraiment bizarre ? Et puis, tu vas voir que ces puits de science, les spécialistes de la contradiction, vont nous sauter dessus, trop contents de nous demander si l'amitié n'est pas ce qu'il y a de plus opposé à la haine : que faut-il leur répondre ? Ne serons-nous pas forcés de leur donner raison ?

– Si.

– Alors, diront-ils, est-ce que l'odieux est cher à l'aimable, ou l'aimable à l'odieux ?

– Ni l'un ni l'autre.

– Et le juste à l'injuste ? Le raisonnable au débridé ? Le bien au mal ?

– Cela ne me paraît pas possible.

– Pourtant, s'il est vrai que nulle chose n'est attirée par une autre qu'en vertu de l'opposition qu'il y a entre elles, nous serons forcés d'admettre que tous les couples dont nous venons de parler sont liés par des liens d'amitié.

– Oui.

– Par conséquent, le contraire n'est pas plus l'ami de son contraire que le semblable de son semblable.

– On dirait bien que non.

Examinons encore ceci : peut-être, après tout, n'avons-nous pas su voir qu'en vérité rien de tout cela ne définit l'ami ; et si c'était, d'une certaine façon, ce qui n'est ni bon ni mauvais qui venait à être l'ami du bien ?

– Que veux-tu dire ?

– Par Zeus ! Je ne sais pas ; je suis littéralement pris de tournis devant l'impasse où aboutit notre raisonnement ; peut-être bien que, comme le dit ce vieux proverbe, *l'ami, c'est le beau.* On ne saurait nier que le beau ait quelque chose de doux, de lisse et d'onctueux – et voilà peut-être pourquoi il glisse facilement entre les doigts et nous échappe... Il faut dire que, selon moi, le bien est beau. Mais toi, qu'en penses-tu ?

– Je suis d'accord.

– Eh bien, voici ce qu'il me semble que je devine : ce qui n'est ni bon ni mauvais est ami de ce qui est bon et beau. D'après quels indices ? Voici : il y a, je crois, trois catégories – le bon, le mauvais, et ce qui n'est ni l'un ni l'autre. Qu'en penses-tu ?

– Comme toi.

– Et le bon ne saurait apparemment être l'ami du bon, ni le mauvais du mauvais, ni le bon du mauvais, toutes possibilités exclues par notre raisonnement de tout à l'heure. Donc, à supposer qu'un chose puisse être en relation d'amitié avec une autre, il ne reste qu'une possibilité : que ce qui n'est ni bon ni mauvais soit l'ami, ou du bien, ou d'une réalité elle-même intermédiaire. Car du mal, à coup sûr, rien ne saurait être l'ami.

– C'est vrai.

– Et nous venons de dire que le semblable ne peut être l'ami de son semblable, n'est-ce pas ?

– Oui.

– Alors, une chose ni bonne ni mauvaise ne saurait aimer une chose de la même espèce qu'elle ?

– Il semble bien que non.

– Donc, il faut en déduire ceci : ce qui n'est
217 ni bon ni mauvais – et cela seul – vient à aimer ce qui est bon, et rien d'autre.

– Apparemment, il n'y a pas d'autre choix.

– Alors, mes enfants, est-ce que nous sommes maintenant sur la bonne voie ? Si nous prenons l'exemple du corps en bonne santé, il n'a aucun besoin ni de la médecine ni d'autre secours, puisque son état est satisfaisant[1] ; c'est pourquoi jamais un homme bien portant ne sera l'ami d'un médecin à cause de sa bonne santé. Est-ce que j'ai tort ?

– Non.

– Mais un homme mal portant pourra l'être, je crois, à cause de sa maladie.

– Bien sûr.

– Or la maladie est un mal, n'est-ce pas, et la médecine un bien et une chose utile.

– Oui.

– Et le corps, en tant que corps, n'est ni bon ni mauvais.

– C'est juste.

– Mais, à cause de la maladie, il se trouve obligé s'attacher à la médecine et à l'aimer.

– Oui, je crois.

1. La même tournure (*ikanôs ekhei*) peut vouloir dire : « il est dans un état satisfaisant » (sens relatif, convenant à cet exemple) et (au sens absolu) « il se suffit à lui-même ». Cette ambiguïté jouait dans le raisonnement selon lequel les gens de bien ne peuvent pas être amis (voir p. 43).

– Voilà donc comment ce qui n'est ni bon ni mauvais devient ami du bien à cause de la présence d'un mal.

– On dirait que c'est cela.

– Mais, évidemment, cela se passe avant que l'objet en question ne devienne mauvais lui-même à cause du mal qui l'affecte ; car une fois devenu complètement mauvais, il n'y a aucune chance qu'il soit l'ami du bien et aspire à lui puisque nous avons dit que le mal ne pouvait pas être l'ami du bien.

– En effet.

– Maintenant, réfléchissez à ce que je vais vous dire. D'après moi, certaines choses ont la même qualité que se qui se trouve en elles, et d'autres non. Supposons, par exemple, qu'on enduise de peinture un objet quelconque, on peut dire que la couleur appliquée dessus s'y trouve.

– Bien sûr.

– Eh bien, est-ce que l'objet peint sera réellement identique, en ce qui concerne la couleur, à la matière qu'on aura passée dessus ?

– Je ne sais pas.

– Prenons un autre exemple. Tu as les cheveux blonds ; si on les enduisait de blanc de plomb, est-ce qu'ils seraient blancs, ou est-ce qu'ils en auraient seulement l'air ?

– Ils en auraient l'air.

– Et la blancheur s'y trouverait effectivement.

– Oui.

– Et cependant, ils n'en seraient toujours pas plus blancs pour autant : même si du blanc s'y trouve, ils ne sont en réalité ni blancs ni noirs.

– C'est vrai.

– Mais supposons, mon cher ami, qu'un jour l'âge les rende blancs, alors ils auront la même qualité que ce qui s'y trouvera : la présence de la blancheur les rendra blancs.

– Forcément.

– Eh bien, c'est justement la question que je te pose maintenant : suffit-il qu'un objet possède un attribut quelconque pour qu'il soit identique à cet attribut, ou bien cela dépend-il de la modalité de leur relation ?

– Je crois plutôt que cela dépend.

– Donc, dans le cas d'une chose ni bonne ni mauvaise, lorsqu'il y a du mauvais en elle, quelquefois elle n'est pas encore mauvaise, et quelquefois elle l'est déjà.

– Oui.

– Alors, s'il s'y trouve du mal sans qu'elle soit encore mauvaise, c'est justement cette présence-là qui la fait aspirer au bien ; mais si la présence du mal était de sorte à la rendre mauvaise, la voilà privée de tout désir du

bien et de toute amitié pour lui : car alors, il s'agit d'une chose mauvaise, et non plus d'une chose ni mauvaise ni bonne ; et nous avons dit que le mal ne peut être l'ami du 218
bien.

– Oui, bien sûr.

– Et pour la même raison, on pourrait dire que ceux qui sont déjà sages – qu'ils soient hommes ou dieux- ne sont plus amis de la sagesse [1] ; pas plus que ne le sont, à l'inverse, ceux dont l'ignorance est de nature à les rendre mauvais : car nul ne saurait aimer la sagesse s'il est stupide et méchant homme. Restent donc ceux qui, affectés de ce mal qu'est l'ignorance, ne le sont pourtant pas au point qu'elle leur ôte tout discernement et les rende stupides : ceux-là sont encore capables, quand ils ne savent pas quelque chose, de s'en rendre compte. Et voilà pourquoi ce sont les êtres ni bons ni mauvais jusqu'au bout qui se mêlent de philosophie – mais ce n'est pas l'affaire des méchants, et pas davantage des bons : car, comme nous l'avons vu tout à l'heure, le contraire n'est pas plus l'ami de son contraire que le semblable de son semblable. Mais peut-être avez-vous oublié cela ?

– Pas du tout, firent-ils en chœur.

– En ce cas, mes chers Lysis et Ménéxène,

1. Autrement dit : « philosophes » (voir p. 36, et la note).

nous y voici ! nous tenons maintenant ce que c'est qu'être ami, et ce que ce n'est pas. Notre point de vue est le suivant : qu'il s'agisse de l'âme ou du corps, et dans tous les cas, ce qui n'est ni mauvais ni bon est amené, parce qu'il y a du mal en lui, à être ami du bien.

Tous deux se rangèrent à cette opinion entièrement et sans réserve.

Et moi aussi, d'ailleurs, j'étais ravi, comme un chasseur – je venais tout juste de m'emparer de ma proie... Mais voilà que, je ne sais comment, il me vint un étrange soupçon sur la véracité de nos conclusions. Aussitôt, contrarié, je m'écriai :

– Grands dieux ! mes chers Lysis et Ménéxène, j'ai bien peur que nous n'ayons bâti que châteaux en Espagne.

– Que veux-tu dire ? fit Ménéxène.

– Je crains fort que nos raisonnements sur l'amitié nous aient embrouillés comme autant de charlatans.

– Mais comment ?

– Écoute : supposons que l'on soit ami, l'est-on de quelqu'un (ou de quelque chose), ou pas ?

– Si, forcément.

– Bon ; et l'est-on sans cause ni raison, ou à cause et en vue de quelque chose ?

– A cause et en vue de quelque chose.

– Et cette chose qu'on a en vue lorsqu'on aime son ami, doit-on la qualifier d'amie ou d'ennemie ?

– Je ne suis pas très bien.

– C'est bien naturel – mais attends : tu vas peut-être mieux comprendre comme ceci, et moi-même je saurai mieux ce que je veux dire. Nous avons affirmé, tout à l'heure, que le malade était ami du médecin : pas vrai ?

– Si.

– C'est donc à cause de sa maladie, et dans l'intérêt de sa santé ?

– Oui.

– Mais la maladie, c'est un mal ?

– Évidemment !

– Et la santé, est-ce un bien, un mal, ou ni l'un ni l'autre ?

– C'est un bien.

– Nous disions donc apparemment ceci : le 219
corps, qui n'est en soi ni mauvais ni bon, est ami de la médecine à cause de la maladie, c'est à dire d'un mal ; et la médecine, elle, est un bien. D'autre part, la raison qui vaut à la médecine d'être ainsi aimée, c'est la santé ; et la santé est un bien. Pas vrai ?

– Si.

– Mais la santé, est-ce une chose qu'on aime, ou pas ?

– C'est une chose qu'on aime.

– Et la maladie une chose qu'on déteste.

– Oui, bien sûr.

– Donc, ce qui n'est ni mauvais ni bon aime le bien à cause d'un objet mauvais qu'il déteste, en raison d'un objet bon qu'il aime.

– Oui, apparemment.

– Donc on aime ce qu'on aime à cause de ce que l'on déteste, et en raison de ce qu'on aime [1].

– On dirait.

– Bon. Maintenant, mes enfants, au point où nous sommes arrivés, faisons très attention à ne pas nous égarer. Voilà donc l'objet aimé devenu l'ami de qui l'aime [2], et bien sûr le semblable ami de son semblable (chose que nous avions déclarée impossible) – mais je ne reviens pas là-dessus. Il y a tout de même une chose que nous devons examiner, pour ne pas nous laisser égarer par le raisonnement qui nous occupe : la médecine, disons-nous, est un objet qui nous est cher en raison de notre santé.

– Oui.

– Et la santé aussi nous est chère ?

1. Je ne traduis pas l'addition (*tou philou*) de Burnet en 218 b3 ; il reste alors dans la phrase trois emplois du même mot *philon* rendus ici par : « ce qu'on aime ».

2. Littéralement : « l'ami [est à présent] ami de son ami », d'où la phrase qui suit, sur les semblables.

– Bien sûr !

– Alors, si nous l'aimons, ce doit être en raison de quelque chose.

– Oui.

– Mais cette chose-là doit être une chose qu'on aime, si elle se conforme à nos conclusions de tout à l'heure.

– Bien sûr.

– Alors elle aussi, on l'aimera en raison d'une chose qu'on aime ?

– Oui.

– Alors, est-ce que nous n'allons pas être forcés de renoncer à suivre cette route, à moins de parvenir à un principe qui ne renverrait plus à un autre objet aimé, mais qui nous mettrait en présence de cet objet aimé initial que nous avons en vue toutes les fois que nous disons en aimer d'autres ?

– Si, il faudra bien.

– Et voilà ce que je veux dire : peut-être nous laissons-nous abuser par tous ces objets dont nous avons dit qu'on les aime à cause de celui-là, comme si ce n'étaient que des espèces d'images de lui, alors que lui, l'objet initial, est le seul véritablement aimé. Considérons la question sous cet angle : supposons que quelqu'un tienne beaucoup à quelque chose, comme, parfois, un père préfère son fils à tout ce qu'il possède ; un homme dans cet état d'esprit va-t-il, parce qu'il met son fils plus haut que tout le reste, attacher aussi un grand prix à quelque chose d'autre ? Si par exemple il se rend compte que son fils a absorbé de la ciguë, attachera-t-il du prix au vin, s'il est convaincu que c'est cela qui va sauver son fils ?

– Bien sûr !

– Et pareil pour le récipient où se trouverait le vin ?

– Oui, certainement.

– Alors pour lui, la vie de son fils ne vaut pas plus cher qu'une coupe en terre cuite, ou que trois quarts de vin ? Voici plutôt ce qu'il en est : le but de tant d'efforts n'est pas ce qu'on cherche à se procurer pour servir à quel-
220 que chose d'autre, mais la chose en vue de quoi on essaie de se procurer tout le reste. Bien sûr, nous disons souvent attacher un grand prix à l'or, ou à l'argent ; mais si la vérité, c'était plutôt que nous prisons plus que tout l'objet (quel qu'il puisse être, après examen) en raison duquel nous recherchons et l'or, et tout le reste ? dirons-nous les choses ainsi ?

– Tout à fait.

– Alors le même raisonnement vaut pour ce que l'on aime ? je m'explique : chaque fois que nous disons *aimer* quelque chose en raison d'un autre objet aimé [1], il est clair que nous employons ce terme dans un sens différent. Mais l'objet aimé véritable, ce doit être celui auquel aboutissent toutes ces « amitiés »-là.

– Oui, c'est bien probable.

– Donc l'objet aimé véritable est tel sans égard à nul autre objet aimé ?

– C'est juste.

Nous voici donc soulagés d'une difficulté : il n'y a plus à se demander si on aime ce qu'on aime en raison d'un autre objet aimé. Mais le bien, est-ce quelque chose qu'on aime ?

– Selon moi, oui.

– Alors, est-ce à cause du mal qu'on aime le bien ? Voici comment le problème se pose : si, des trois catégories dont nous avons parlé tout à l'heure – le bien, le mal, et ce qui n'est ni bon ni mauvais – il n'en restait que deux, le mal ayant plié bagage et n'affectant plus ni les âmes, ni les corps, ni aucune de ces choses dont nous disons qu'elles ne sont en soi ni bonnes, ni mauvaises, est-ce qu'alors le bien ne nous servirait plus du tout ? Est-ce qu'il serait réduit à l'inutilité ? Car s'il n'y avait plus rien qui nous fasse du mal, nous n'aurions besoin de rien ni de personne pour nous

1. Suivant le texte des manuscrits (220 b1) avant correction. C'est le terme *philon* (chose aimée) qui a ici un sens d'abord relatif, puis absolu.

aider ; il serait alors manifeste que si nous nous aimions le bien et nous attachions à lui, c'était à cause du mal, le bien étant comme un remède au mal, et ce dernier une maladie. Mais s'il n'y a pas de maladie, pas besoin de remède ! Le bien est-il donc ainsi fait qu'il ne doive qu'au mal d'être aimé de nous, qui sommes à mi-chemin entre bien et mal, et n'aurait-il d'ailleurs aucune utilité pris en lui-même ?

– Ça m'en a bien l'air.

– Nous disions donc que ce fameux objet aimé vers lequel tendaient tous les autres (eux qu'on aime en raison d'un autre objet aimé) ne leur ressemble pas du tout. Car nous disons « aimer » ceux-là en raison d'un objet aimé, alors que l'objet aimé véritable, apparemment, est d'une nature complètement opposée – puisque nous avons reconnu qu'on ne l'aime qu'en raison d'un objet détesté, et que, si ce dernier venait à disparaître, il semble bien que nous cesserions aussitôt de l'aimer [1].

– C'est bien ce qu'il me semble, d'après nos positions actuelles.

– Mais, par Zeus ! si le mal disparaît,
221 n'aura-t-on plus jamais ni faim ni soif, et ne

1. Ici, pour la première et seule fois, Platon utilise la même tournure (*heneka,* rendu par « en raison de ») pour la cause occasionnelle (la maladie) et la cause finale (la santé), qu'il avait systématiquement distinguées dans tout ce développement.

connaîtra-t-on plus aucun inconvénient de ce genre ? Ou bien la faim existera-t-elle toujours, tant qu'il y aura des humains et des animaux, mais une faim qui ne sera pas préjudiciable ? Verra-t-on subsister aussi la soif et les autres désirs, mais sans caractère mauvais, puisque par hypothèse le mal n'existerait plus ? Mais cela ne rime peut-être à rien de se demander ce qui existera ou non à ce moment-là – qui connaît la réponse ? Nous savons du moins une chose, c'est que dans le monde tel qu'il est, si la faim peut causer des dommages, il y a aussi des cas où elle est utile. Pas vrai ?

– Bien sûr.

– Et de même la soif, et les autres envies du même ordre, peuvent être selon le cas utiles, nuisibles ou indifférents ?

– Certainement.

– Alors, si les maux viennent à disparaître, tout ce qui n'est pas mauvais n'aurait aucune raison de disparaître avec ?

– Aucune.

– Donc les envies qui ne sont ni bonnes ni mauvaises subsisteront même s'il n'y a plus de maux.

– Apparemment.

– Bon. Est-il possible d'avoir une folle envie de quoi que ce soit, sans l'aimer ?

– Ah non ! je ne crois pas.

– Il restera donc, semble-t-il, même si les maux disparaissent, des choses à aimer.

– Oui.

– Et pourtant...si nous avions raison de penser que c'est le mal qui fait qu'on aime quelque chose, supposons le mal anéanti, rien ne saurait aimer ni être aimé : une fois la cause abolie, le moyen que l'effet subsiste ?

– Tu as raison.

– Bien ; nous étions d'accord tout à l'heure pour dire que tout ami aime un certain objet, en vertu d'une certaine cause : à ce moment-là, nous pensions que ce qui n'est ni bon ni mauvais est ami du bien, à cause du mal : n'est-ce pas ?

– C'est vrai.

– Mais maintenant, à ce qu'il semble, nous discernons une autre raison qui fait qu'on aime et que l'on est aimé.

– Oui, on dirait.

– Alors, est-ce vraiment le désir, comme nous le disions à l'instant, qui est la cause de cette affection ? Quiconque désire est-il l'ami de l'objet qu'il désire au moment où il le désire ? Et notre définition précédente de l'ami n'était-elle qu'une bêtise, comme un poème qui traîne en longueur ?

– C'est fort possible.

– Quoi qu'il en soit, tout sujet qui désire,

désire quelque chose qui lui manque ; pas vrai ?

– Si.

– Alors, ce qui fait défaut est aimé de celui à qui il fait défaut ?

– Il me semble que oui.

– Et ce qui vient à manquer, c'est ce dont on est privé[1].

– Forcément !

– Mais ce vers quoi nous poussent désir, affection et concupiscence, il semble bien, mes chers Lysis et Ménéxène, que c'est ce qui nous appartient en propre[2].

Tous deux tombèrent d'accord là-dessus.

– Donc, si vous êtes amis l'un avec l'autre, il doit y avoir entre vous un rapport naturel de propriété.

– Parfaitement, dirent-ils.

– Eh bien, mes enfants, supposons qu'une personne éprouve de l'attirance ou du désir pour une autre : rien ne serait possible, ni attirance, ni désir, ni affection, s'il n'y avait entre 222

1. « Ce dont *on* est privé » : texte des manuscrits (221 e2) non corrigé.

2. « Ce qui nous appartient en propre » (*to oikeion*) : le même mot veut dire « ce qui convient », d'où le terme de « propriété » dans la suite. Troisième sens, retenu à la page suivante : « ce qui fait partie de la famille (*oikos*) ».

elle et l'être aimé un certain rapport de propriété fondé sur l'âme, ou, dans celle-ci, sur une certaine qualité de caractère, de tendance ou d'espèce.

– Bien sûr, fit Ménéxène. (Lysis, lui, ne dit rien.)

– Bon, dis-je. Nous avons bien vu qu'on ne peut qu'aimer ce qui nous est naturellement apparenté.

– Il semble bien que oui.

– Donc un jeune garçon courtisé par un amant authentique (et non une contrefaçon d'amant) n'a pas le choix : il ne peut que l'aimer.

A quoi Lysis et Ménéxène donnèrent leur accord non sans renâcler un peu, tandis qu'Hippothalès, de plaisir, devenait de toutes les couleurs.

Alors, pour tester la valeur de notre argumentation, je dis :

– Voyons, Lysis et Ménéxène, s'il est vrai qu'il y a une différence entre ce qui appartient en propre à une chose et ce qui est semblable à elle, je crois qu'il faudrait tâcher de dire un peu en quoi elle consiste, dans la perspective de l'amitié. Si en revanche les deux ne font qu'un, nous aurons du mal à rejeter notre argument de tout à l'heure, à nier que le semblable est inutile à son semblable à proportion de leur similitude ; et soutenir qu'on puisse aimer ce qui ne sert à rien serait une faute choquante. Alors, êtes-vous d'accord – puisque cette discussion nous a comme tourné la tête – pour admettre la première hypothèse, et soutenir qu'appartenir en propre et être semblable sont deux choses différentes ?

– Tout à fait d'accord.

– Poserons-nous aussi en principe que le bien est, pour toute chose, ce qui lui est propre, et le mal, ce qui ne lui revient pas ? Ou alors, le bien est-il le propre du bien, et le mal du mal, et ce qui n'est ni bien ni mal le propre de ce qui n'est ni bien ni mal ?

Ils se rangèrent à la seconde proposition.

– Dans ce cas, mes enfants, nous voici retombés dans les affirmations que nous avions rejetées au début de notre débat sur l'amitié : nous allons voir l'injuste ami de l'injuste, et le méchant du méchant, tout autant que les hommes de bien entre eux.

– Ça m'en a tout l'air.

– Mais si nous disons que le bien et le propre sont une seule et même chose, ne s'ensuit-il pas nécessairement qu'il n'y a d'ami que l'homme de bien, pour son semblable ?

– Si, bien sûr.

– Nous pensions pourtant bien avoir montré que nous avions eu tort d'affirmer cela. Mais peut-être l'avez-vous oublié ?

– Non.

Dans ces conditions, à quoi bon poursuivre la discussion ? n'est-il pas clair que nous n'allons rien en tirer ? Il me faut donc récapituler tout ce qui s'est dit, comme font les orateurs experts, au tribunal. Eh bien, si le terme d'ami ne convient ni à ceux qui aiment, ni à ceux qui sont aimés, ni aux semblables, ni aux dissemblables, ni aux gens de bien, ni à ceux qui sont dans un rapport de propriété, ni à aucun autre des cas que nous avons passés en revue, j'avoue ne plus savoir que dire.

223 En parlant ainsi, j'avais dans l'idée d'amener à causer un autre interlocuteur, parmi les jeunes gens plus mûrs. Mais sur ces entrefaites on vit surgir, comme des démons, les pédagogues des deux garçons, celui de Ménéxène et celui de Lysis : ils tenaient les frères des enfants par la main et les pressaient de rentrer à la maison car il se faisait fait tard. Tout d'abord, avec l'aide de notre auditoire, nous essayâmes de les repousser ; mais ils ne se souciaient pas de nous le moins du monde et s'énervaient dans un grec approximatif en appelant les enfants de plus belle (apparemment, ils avaient un peu bu pendant la fête et

ne savaient plus très bien se tenir) – tant et si bien que, vaincus, nous nous séparâmes. Comme les garçons s'en allaient, je leur dis :

– Vous voyez, Lysis et Ménéxène, nous nous sommes tous couverts de ridicule, et moi autant que vous, à mon âge ! Ces gens qui nous quittent vont dire que nous croyons être amis les uns des autres – car je me compte parmi vous –, et nous n'avons toujours pas été capables de mettre au clair ce que c'est qu'un ami.

CHARMIDE

SOCRATE : Nous étions revenus la veille 153
au soir du champ de bataille de Potidée[1], et, de retour après tout ce temps, j'étais fort aise de me rendre à mes occupations habituelles. J'entrai donc dans la palestre de Tauréas[2], qui fait face au temple de Perséphone, où je tombai sur une foule de gens, dont quelques parfaits inconnus, mais pour la plupart, c'étaient des connaissances. En me voyant entrer ainsi à l'improviste, on se mit à me saluer de loin, un peu partout. Chairéphon, lui, fou comme il est, se mit debout d'un bond, fendit la foule et vint à moi en courant ; puis, saisissant ma main :

1. Potidée : ville de Chalcidique (à plus de trois cents km au nord-est d'Athènes), dont la révolte marqua le début de la guerre du Péloponèse.

2. Tauréas : nom d'un Athénien (peut-être le père de l'orateur Andocide). Perséphone : une des interprétations données du nom *Basilè* (cf. B. Witte, ouvrage cité en introduction). La scène, ici, est à l'intérieur des murs d'Athènes, au sud de l'Acropole.

– Socrate, comment t'es-tu tiré sain et sauf du combat ?

(Quelque temps avant mon départ, on s'était battu à Potidée, et la nouvelle venait d'en arriver.)

– Comme tu le vois, lui dis-je.

– C'est qu'on nous a rapporté qu'il y avait eu des combats très violents, et que beaucoup de gens parmi nos connaissances y sont restés.

– Eh bien, la nouvelle n'est pas exagérée.

– Étais-tu présent lors de la bataille ?

– Oui, j'y étais.

– Viens, assieds-toi là, et raconte-nous : nous n'avons pas encore d'informations certaines et complètes.

Et tout en parlant, il me fait asseoir près de Critias, le fils de Callaischros.

Je m'assis alors auprès de lui, saluai Critias et les autres et me mis à raconter les nouvelles du combat, répondant aux questions qui fusaient dans tous les sens.

Une fois ce sujet épuisé, je leur demandai à mon tour des nouvelles du pays, pour apprendre où en était la philosophie, et si, parmi les jeunes gens, il s'en trouvait à présent dans le lot qui se distinguent par la beauté ou le savoir, ou les deux à la fois. Alors Critias,
154 jetant un coup d'œil vers la porte, y vit des jeunes gens qui entraient en s'insultant les uns les autres, suivis par un groupe compact :

– Pour ce qui est de la beauté, me fit-il, je crois que tu vas être fixé sur-le-champ. Les gens que tu vois entrer ici sont les avant-coureurs et soupirants de celui que l'opinion reconnaît comme le plus beau garçon du moment ; d'ailleurs je crois qu'il ne va pas tarder à venir en personne.

– Mais qui est-ce, quel est le nom de son père ?

– Tu le connais sans doute, seulement il n'avait pas encore atteint l'âge d'homme quand tu es parti : c'est Charmide, le fils de mon oncle Glaucon, mon cousin.

– Si je le connais... et comment ! Ce n'était déjà pas un enfant ordinaire à l'époque ; maintenant je suppose que c'est déjà un grand jeune homme.

– Juste un instant, et tu vas voir comme il a grandi et ce qu'il est devenu.

Il avait à peine fini ces mots, et voilà Charmide qui entre.

Tu sais bien, mon ami, qu'il ne faut pas me prendre pour critère : quand il s'agit de la beauté des jeunes gens, autant chercher vache noire en bois brûlé : dès qu'ils sont sortis de l'enfance, je les trouve tous beaux ou peu s'en faut. Là aussi, celui-là m'émerveilla par sa prestance et sa beauté, et quant aux autres, il me sembla qu'ils étaient tous amoureux de lui, à les voir se figer tout à coup, comme sonnés, pendant qu'il entrait, avec sur les talons, parmi la foule, encore un bon nombre de soupirants. Pour nous, hommes faits, cette réaction n'avait rien d'extraordinaire ; mais en observant les enfants, je vis qu'eux aussi avaient tous la tête tournée vers lui : tous, jusqu'au plus petit, le contemplaient comme la statue d'un dieu. Alors Chairéphon, m'interpellant :

– Que penses-tu du jeune homme, Socrate ? belle figure, non ?

– Extraordinairement belle.

– Eh bien, s'il lui prenait fantaisie d'enlever ses vêtements, tu jurerais qu'il n'a pas de visage, tellement sa beauté est parfaite en tous points.

Les autres approuvèrent ces termes sans réserve. Et moi :

– Par Héraklès, vous parlez là d'un homme sans rival, si avec tout cela il a encore rien qu'un petit avantage !

– Lequel ? dit Critias.

– S'il a l'âme bien née. D'ailleurs, Critias, il serait tout à fait normal qu'il en soit ainsi, chez quelqu'un de votre famille.

– Mais oui, c'est un homme accompli [1] sur ce plan-là aussi.

1. Littéralement : « il est tout à fait beau et bon. » Voir *Lysis*, p. 22 (207a) et la note.

– Alors, qu'attendons-nous ? Déshabillons son âme et regardons de quoi elle a l'air ; sûrement qu'à son âge il a envie de parler.

– Et plutôt deux fois qu'une, fit Critias, car il est friand de savoir ; et puis, de l'aveu des autres comme du sien, c'est un poète. 155

Pour ce trait-là, mon cher Critias, c'est une grâce qui vient de loin dans ta famille, depuis votre ancêtre Solon. Mais si tu appelais notre jeune homme, que je voie de quoi il est capable ? Je suppose que personne ne pourrait me blâmer de m'entretenir avec lui, même s'il était plus jeune, puisque c'est devant toi, qui es à la fois son tuteur et son cousin.

– Tu as raison, dit-il, je vais le faire venir.

Sur quoi, se tournant vers l'esclave qui l'accompagnait :

– Va, appelle Charmide et dis-lui que je veux le présenter à un médecin, à propos de l'indisposition qu'il m'a dit avoir eue avant-hier. Et il ajouta à mon intention : Oui, il vient de me dire qu'il avait la tête un peu lourde au réveil, tôt le matin. Qu'est-ce qui t'empêche de faire semblant, devant lui, de connaître un remède au mal de tête ?

– Rien du tout ; il n'a qu'à venir.

– Il arrive.

En effet, il était là, et son arrivée fit bien rire l'assistance : car de tous ceux qui étaient assis comme nous, chacun se tassait pour faire de la place tout en repoussant consciencieusement son voisin, tant on brûlait d'avoir Charmide à côté de soi ; si bien que l'un de ceux qui étaient assis en bout de rang fut forcé de se lever, et l'autre, rejeté sur le côté ; mais le jeune homme vint s'asseoir entre Critias et moi. Et là, mon ami, je me sentis perdre tous mes moyens, envolée l'audace qui m'avait fait croire, un instant auparavant, que je n'aurais aucune difficulté à m'entretenir avec lui. Mais quand Critias lui dit que c'était moi qui connaissais le remède, il me regarda dans les yeux d'une façon que je ne saurais dire en s'apprêtant à me questionner, tandis que tous ceux qui se trouvaient dans la palestre se massaient autour de nous en un cercle parfait – alors, ah ! mon ami... je vis cette beauté sous son manteau – je pris feu – j'étais hors de moi ; et je me dis que Cydias était un grand connaisseur en amour, lui qui, à propos d'un beau garçon, disait à quelqu'un en guise d'exhoratation :

[ne va pas te] trouver, faon, sur le chemin du lion,
de peur d'être happé comme un morceau de viande.

J'avais justement l'impression d'être tombé à la merci d'une créature de ce genre... pourtant, lorsqu'il me demanda si je connaissais le remède contre le mal de tête, tant bien que mal, je lui répondis oui.

– Alors, me dit-il, qu'est-ce que c'est ?

Je lui dis qu'il s'agissait d'une certaine plante, mais qu'en plus du remède il y avait une incantation à prononcer au moment où l'on s'en servait ; à cette condition, le remède opérait une guérison complète ; mais sans l'incantation, la plante n'était d'aucune utilité.

– Eh bien, fit-il, cette formule, je vais la 156
noter d'après tes indications.

– Si je le veux bien, ou que je le veuille ou non ?

Avec un sourire, il me répondit :

– Si tu le veux bien, Socrate.

– Très bien. – Tu sais donc comment je m'appelle ?

– Oui, si je ne me trompe : c'est qu'il est beaucoup question de toi parmi ceux de mon âge ; d'ailleurs je me souviens que, lorsque j'étais encore enfant, tu fréquentais notre voisin Critias.

– Bravo ! voilà qui m'incite à te dire en toute franchise ce que c'est que cette incantation ; je me demandais tout à l'heure comment te faire comprendre quelle est sa vertu. Eh bien, Charmide, sache qu'elle ne se borne pas à guérir les maux de tête. Tu as peut-être entendu dire que les bons médecins, lorsqu'on va les voir parce qu'on souffre des yeux, expliquent qu'ils ne sauraient entreprendre de soigner seulement les yeux, et qu'il leur faut traiter aussi la tête, si l'on veut les yeux se portent bien ; et de même, prétendre soigner isolément la tête sans s'occuper du reste du corps, c'est, selon eux, une grande sottise. Conformément à ce principe, ils préconisent des régimes pour l'organisme entier et tentent de soigner et de guérir en même temps le tout et la partie. Mais peut-être ne sais-tu pas qu'ils tiennent ces discours, et que c'est la réalité ?

– Si fait.

– Alors, tu crois qu'ils ont raison ? tu te ranges à leur avis ?

– Sans aucun doute.

En l'entendant exprimer son accord, je repris un peu d'assurance ; au bout d'un moment je sentis se réveiller mon courage, et renaître mon ardeur ; alors je dis :

– Voici à peu près ce qu'il en est, Charmide, de cette incantation. Je l'ai apprise là-bas, en campagne, d'un Thrace qui faisait partie des médecins de Zalmoxis[1] : ces hommes-là, dit-on, savent même rendre les gens immortels. Ce Thrace, donc, disait que

1. Divinité révérée par les Gètes, selon Hérodote qui ajoute que c'était un simple mortel qui *se faisait passer pour* immortel ; ici, Platon reprend cette notation en lui donnant un sens nouveau (p. 77).

les médecins grecs avaient raison sur le point
dont je parlais à l'instant ; « mais, conti-
nuait-il, selon Zalmoxis, notre roi, qui est un
dieu, de même qu'on ne doit pas se mêler de
guérir les yeux sans toucher à la tête, ni la tête
sans toucher à tout le corps, il ne faut pas non
plus vouloir guérir le corps sans l'âme : c'est
même à cause de cela que les médecins des
Grecs n'ont aucune prise sur la plupart des
maladies – ils négligent ce tout auquel ils
devraient s'attacher, puisque, s'il n'est pas en
bonne santé, aucune de ses parties ne peut
l'être non plus. Car, disait-il, c'est de l'âme
que sortent tous les maux, et tous les biens, qui
viennent affecter le corps et l'être humain
dans son entier, et c'est là qu'ils prennent leur
source, comme les maux d'yeux ont la leur
dans la tête. C'est donc là ce qu'il faut soigner 157
d'abord et plus que tout, si l'on veut que la
tête et le reste du corps se portent bien. Et
pour soigner l'âme, mon cher, on se sert –
disait-il – de certaines incantations, qui ne
sont autre chose que les paroles belles ; grâce à
elles, la sagesse naît dans les âmes, et une fois
qu'elle y a pris naissance et qu'elle s'y trouve,
il devient facile de procurer la santé à la tête
aussi bien qu'à tout le corps. » Et tout en
m'enseignant le remède et les incantations :
« Prends garde, me dit-il, à ne jamais accepter

de soigner qui que ce soit pour des maux de tête avec ce remède-ci, qu'il ne t'ait d'abord confié son âme à soigner au moyen de l'incantation. Car c'est là l'erreur des hommes de ce temps : sagesse et santé, ils veulent traiter séparément chacune des deux. » Et il m'enjoignit avec la dernière insistance de ne me laisser détourner de cette résolution par personne, sans considération de richesse, de noblesse, ni de beauté. je lui obéirai donc (j'ai prêté serment, je suis forcé de m'y tenir) : si tu veux bien suivre les instructions de l'étranger, et me laisser traiter ton âme par les incantations du Thrace, j'appliquerai le remède à ta tête ; sinon, je ne vois pas ce que je pourrais faire pour toi, mon cher Charmide.

Critias, en m'entendant parler ainsi, s'exclama : « Quelle aubaine ce serait, Socrate, que ce mal de tête de notre jeune homme, s'il se voit forcé, en se soignant, d'améliorer l'état de son intelligence ! je dois te dire que Charmide se distingue des jeunes gens de son âge, non seulement par son allure, mais aussi par cette chose précise que ton incantation, selon toi, a pour tâche de produire – car tu prétends que c'est la sagesse, n'est-ce pas ?

– Absolument, lui dis-je.

– Eh bien, il faut que tu saches une chose : on reconnaît en lui, de loin, le plus sage de ses contemporains, lui qui ne le cède à personne pour tout le reste, eu égard à son âge.

– Mais, Charmide, ce n'est que justice si tu vaux mieux que les autres dans tous ces domaines : parmi tous ceux qui sont ici, personne, je crois, ne saurait aisément citer deux familles, à Athènes, susceptibles de produire, en s'unissant, un plus beau et un meilleur fruit, si ce n'est celles qui t'ont donné le jour. Car ta lignée paternelle, celle de Critias et de Dropidès, nous arrive précédée des éloges d'Anacréon, de Solon et de bien d'autres poètes, comme supérieurement douée pour la beauté, la vertu et tout ce qui, dit-on, contribue à faire le bonheur, et la même chose vaut 158
pour celle de ta mère. On dit que ton oncle Pyrilampe était regardé comme l'homme le plus beau et le plus remarquable de toute la Grèce partout où il est allé comme ambassadeur, que ce soit auprès du roi de Perse ou chez d'autres souverains, sur le continent grec ; et cette famille tout entière n'a rien à envier à l'autre. Alors, rien d'étonnant si, avec de tels antécédents, tu es partout le premier. En tout cas, à te voir, cher enfant de Glaucon, je trouve que tu ne le cèdes en rien à n'importe lequel de tes ancêtres ; mais si en plus tu es aussi doué pour la sagesse et pour le reste que le dit mon voisin, alors, mon cher Charmide,

on peut dire que ta mère a mis au monde le plus heureux des fils ! Voici donc où en est notre affaire : si, comme le soutient Critias ici présent, tu possèdes déjà la sagesse, et si tu es aussi sage qu'on pourrait le souhaiter, tu n'as plus rien à faire des formules magiques de Zalmoxis, ni de celles d'Abaris l'Hyperboréen [1], et alors il faut te donner tout de suite le remède contre le mal de tête ; mais s'il nous semble que tu laisses encore à désirer sur ce point, avant de te l'administrer, il faudra procéder aux incantations. A toi la parole : dis-moi si tu es d'accord avec ce préalable, et si à ton avis tu jouis d'une dose satisfaisante de sagesse, ou bien si tu en manques.

Alors Charmide rougit, ce qui le fit paraître encore plus beau – cette pudeur convenait bien à son âge –, puis me fit une réponse qui dénotait une âme assez bien née : il dit que dans les circonstances présentes, il ne saurait répondre sans difficulté ni oui, ni non. « Car si je dis que je ne suis pas sage, d'abord ce serait une chose étrange que de me condamner ainsi moi-même ; et puis ce serait démentir Critias et beaucoup d'autres personnes encore, qui me

1. Abaris : personnage mythique associé à Apollon, le dieu guérisseur, ainsi que les Hyperboréens, peuple légendaire censé vivre aux limites du monde habité, vers le nord.

tiennent pour sage, comme il le disait tout à l'heure. Mais si je prétends l'être, en me louant moi-même, cela pourrait indisposer le monde : c'est pourquoi je ne sais comment te répondre. »

Et moi : « Tu as sans doute raison, Charmide. A mon avis, il vaut mieux examiner ensemble si tu possèdes ou non ce dont je parle : ainsi, tu ne seras pas obligé de dire des choses que tu ne veux pas dire, et moi, je n'aurai recours à la médecine qu'en connaissance de cause. Donc, si tu le veux bien, je suis tout disposé à mener l'enquête avec toi ; sinon, laissons tomber. »

– Rien ne saurait m'être plus agréable ! et pour ce faire, choisis toi-même d'orienter le recherche sur les points qui te semblent le mériter.

– Eh bien voici, à mon avis, la meilleure façon de mener cet examen : il est évident que si tu possèdes la sagesse, tu es en mesure d'avoir une opinion à son sujet ; car sa présence en toi – si présence il y a – doit néces- 159
sairement produire une perception qui te permette de juger ce que c'est que la sagesse, et en quoi elle consiste ; tu ne crois pas ?

– Si fait.

– Alors, cette conviction, tu saurais dire comment elle t'apparaît, puisque tu sais t'exprimer en bon grec ?

– Peut-être.

– Dis-moi donc, pour que nous puissions deviner si tu es sage ou non, comment tu définis la sagesse, d'après ton opinion.

Après quelques hésitations et quelque réticence, il finit par dire qu'à son avis, la sagesse consistait à toujours se comporter avec ordre et paisiblement, par exemple pour marcher dans la rue ou dans la conversation, et de même pout toutes les autres activités. « Bref, dit-il, je crois que ce dont tu parles est une espèce de paisibilité[1]. »

– Eh bien, ce que tu dis là est-il vrai ? Tu le sais, Charmide, on dit que les gens paisibles sont sages : voyons un peu ce que vaut cette affirmation ! Dis-moi, tu ne crois pas que la sagesse est au nombre des choses belles ?

– Si, bien sûr.

– Eh bien, qu'est-ce qui est le plus beau, quand on copie ses lettres à l'école, de les copier vite ou paisiblement ?

– Vite.

– Et quand on lit, est-ce vite ou lentement ?

– Vite.

– Et pour jouer de la cithare aussi, et pour lutter, il est beaucoup plus beau de le faire vite et vivement que paisiblement et lentement ?

1. Le mot employé par Charmide est, comme l'a montré B. Witte (op. cit.), un néologisme forgé par Platon.

– Oui.

– Et pour la boxe et le pugilat, c'est pareil, non ?

– Tout à fait.

– Et la course, le saut et tous les exercices physiques, n'est-ce pas le propre d'un beau corps de s'y prendre vite et avec vivacité, et d'un corps sans valeur, d'y aller paisiblement et en traînant ?

– Il semble bien.

– Donc, à ce qu'il nous semble, pour autant qu'il s'agit du corps, ce qu'il y a de plus beau n'est pas la manière paisible, mais la plus rapide et la plus vive. D'accord ?

– D'accord.

– Or nous disions que la sagesse est une belle chose ?

– Oui.

– Alors, pour ce qui est du corps, le plus sage ne consiste pas à être paisible, mais rapide, puisque la sagesse est quelque chose de beau.

– On dirait bien.

– Maintenant, qu'est-ce qui est plus beau, être doué pour apprendre, ou apprendre avec peine ?

– Être doué.

– Et quand on est doué, on apprend vite, alors que dans l'autre cas, on y va paisiblement et avec lenteur ?

– C'est cela.

– Mais s'il s'agit de se rappeler les choses et de les garder en mémoire, qu'est-ce qui est le plus beau, la voie paisible et lente, ou la voie énergique et rapide ?

– La seconde.

160 – Et l'acuité d'esprit, n'est-ce pas d'avoir l'intelligence en éveil, plutôt qu'en paix ?

– C'est vrai.

– Donc, quand il s'agit de comprendre ce qu'on vous dit, que ce soit à l'école, chez le maître de musique ou n'importe où ailleurs, là encore, il est beau de s'y prendre le plus vite possible, et non le plus paisiblement ?

– Oui.

– Et pour ce qui touche à la réflexion et à la délibération, la palme, à mon avis, doit revenir non au plus paisible, qui procède péniblement et a du mal à trouver les solutions, mais à celui pour qui ces opérations sont les plus faciles et les plus rapides.

– En effet.

– Par conséquent, Charmide, tant dans l'ordre de l'esprit que du corps, nous sommes d'accord pour trouver plus beaux les effets de la vivacité et de la vitesse, par rapport à ceux de la lenteur et de la voie paisible ?

– Ma foi, j'en ai peur.

– Alors la sagesse pourrait bien n'être pas

la paisibilité, ni la vie sage la vie paisible, si l'on s'en tient à notre raisonnement, étant donné que cette vie, pour être sage, doit être belle. En effet, de deux choses l'une : d'après ce que nous avons vu, tout ce qu'on fait paisiblement, dans la vie, n'est pas du tout plus beau que ce qu'on fait de façon vive et rapide, ou alors, il s'agit d'une très petite différence. Donc, mon ami, admettons qu'au mieux, la balance soit égale, du point de vue de la beauté, entre les actions paisibles et celles qu'on fait vivement et rapidement : même ainsi, on ne saurait dire que la sagesse consiste à agir paisiblement plutôt qu'avec vitesse et vivacité, qu'il s'agisse de marcher, de parler ou de n'importe quoi d'autre, ni qu'une vie bien réglée soit plus sage, si elle est paisible, que si elle ne l'est pas, puisque nous avons posé comme hypothèse que la sagesse était une chose belle et que nous n'avons pas trouvé moins de beauté dans la voie rapide que dans la voie paisible.

– Je crois que tu as raison, Socrate.

– Alors, Charmide, reviens en arrière, fais davantage attention et examine-toi pour comprendre ce que la présence de la sagesse fait de toi, et ce qu'elle doit être pour avoir cet effet ; et cela fait, rassemble toutes ces données pour dire bravement, et dans les termes qui conviennent, ce qu'elle est à tes yeux.

Sur quoi il fit une pause, et, après avoir réfléchi à part lui très posément, déclara :

– Eh bien, il me semble que la sagesse a pour effet de rendre l'être humain modeste en l'incitant à la réserve, si bien que sagesse et pudeur sont la même chose.

– Bon ; tu étais bien d'accord, il y a un instant, pour dire que la sagesse est quelque chose de beau ?

– Bien sûr.

– Mais les gens sages sont aussi des hommes de bien ?

– Oui.

– Est-ce qu'une chose peut être bonne, si elle ne rend pas les hommes bons ?

– Sûrement pas !

– Alors ce n'est pas seulement une belle chose, c'est aussi une bonne chose.

161 – Il me semble que oui.

– Ah bon ? et tu ne crois pas qu'Homère a raison quand il dit :

A un nécessiteux, la pudeur sied bien mal[1] ?

– Si, bien sûr !

– Donc la pudeur, apparemment, est à la fois bonne et pas bonne.

1. *Odyssée* XVII, v. 347. La phrase s'adresse à Ulysse, déguisé en mendiant : on l'invite à faire un tour de table parmi les prétendants en faisant la quête. (Traduction de Ph. Jaccottet modifiée).

– On dirait.

– Mais la sagesse est une bonne chose, s'il est vrai qu'elle rend bons, et non mauvais, ceux qui la possèdent.

– Oui, vraiment, je pense que c'est comme tu dis.

– Alors la sagesse ne peut pas être la même chose que la pudeur, puisque le premier terme est un bien, tandis que la pudeur n'est pas davantage un bien qu'un mal.

– Ma foi, Socrate, je crois que c'est juste ; mais voici autre chose à propos de la sagesse, regarde un peu ce qu'il t'en semble. Il m'est revenu à l'instant, pour l'avoir entendu dire à quelqu'un, que la sagesse consisterait à s'occuper de ses affaires. Examine donc cela, et vois si, à ton avis, celui qui dit cela a raison.

– Espèce de brigand ! c'est de Critias que tu tiens cette définition, ou bien d'un autre esprit cultivé comme lui.

– Mais, Socrate, qu'est-ce que ça peut faire si je le tiens de tel ou tel ?

– Rien du tout. Ce qu'il faut absolument se demander, ce n'est pas qui l'a dit, mais s'il a dit vrai ou pas.

– Ah ! là, tu as raison.

– Ma foi oui...mais je me demande si nous allons réussir à trouver ce qu'il en est ; cela ressemble à une devinette.

– Qu'est-ce que tu veux dire ?

– Que selon moi, celui qui a dit que la sagesse consiste à s'occuper de ses affaires jouait sur le sens des mots.
Voyons, à ton avis, quand le maître d'école lit ou écrit, il ne fait pas quelque chose[1] ?

– Si, je crois bien !

– Eh bien, à ton avis, est-ce qu'il se contente de lire et d'écrire son propre nom – et de vous apprendre à faire de même pour vous –, ou bien est-ce qu'à l'école, vous écriviez, au même titre que vos noms et ceux de vos amis, les noms de vos ennemis ?

– Oui, ceux-là au même titre.

– Et ce faisant, est-ce que vous manquiez à la sagesse en vous mêlant de ce qui ne vous regardait pas ?

– Pas du tout.

– Et pourtant, vous vous occupiez des affaires d'autrui, s'il est vrai qu'écrire, et que lire, sont des occupations.

– Oui, c'en sont, il n'y a pas de doute.

– Et guérir les gens aussi, tout comme administrer une maison, tisser, ou produire un résultat quel qu'il soit au moyen d'un quelconque savoir technique, je suppose que ce sont des occupations.

1. Faute d'un terme français qui convienne à tous les exemples donnés, un même mot (*prattein*) est rendu selon le cas par *faire* ou *s'occuper* [*de*]. Voir l'introduction.

– Bien sûr.

– Eh bien, crois-tu qu'une cité serait bien gouvernée si elle avait pour règle que chacun tisse et nettoie son manteau, fabrique ses chaussures, et ainsi de suite pour tout, jusqu'à sa fiole et son grattoir[1], et, sans toucher aux 162
affaires des autres, ne fasse et ne fabrique que les siennes ?

– Non, je ne crois pas.

– Pourtant, si elle était gouvernée sagement, elle serait bien gouvernée.

– Forcément.

– Donc cela ne peut pas être de la sagesse que d'agir ainsi, en faisant ses propres affaires.

– On dirait que non.

– Alors, comme je disais à l'instant, celui qui a défini la sagesse « s'occuper de ses affaires » parlait par devinettes : ou il faudrait qu'il soit incroyablement simple d'esprit....à moins, Charmide, que tu ne tiennes cette définition d'un imbécile ?

– Pas du tout ! c'est même quelqu'un qui passait pour être très fort.

– Dans ce cas, sa devinette, à mon avis, était destinée avant tout à montrer qu'il est

1. Fiole et grattoir, accessoires courants dans les palestres : petit récipient contenant de l'huile pour le corps, et sorte d'étrille pour enlever la poussière qui se colle pendant les exercices.

difficile de savoir ce que c'est que de s'occuper de ses affaires.

– Peut-être.

– Eh bien, qu'est-ce que cela peut être ? tu as une réponse ?

– Par Zeus, non ! aucune. Mais si cela se trouve, celui qui l'a dit ne sait pas non plus ce qu'il voulait dire... » et, avec un demi-sourire, il tourna les yeux vers Critias.

Alors Critias qui, depuis longtemps, était visiblement sur des charbons ardents, s'inquiétant de faire bonne figure devant Charmide et le reste de l'assistance et ne se contenant qu'à grand peine, éclata enfin. (Je crois que mon hypothèse était on ne peut plus juste, et que c'est à Critias que Charmide devait cette définition de la sagesse ; comme il n'avait pas envie d'en rendre compte lui-même, préférant laisser ce soin à Critias, il le provoquait légèrement en lui faisant voir que ses propos se trouvaient réfutés – conduite insupportable à Critias, qui (me sembla-t-il) s'emporta contre lui comme un auteur contre un comédien qu'il verrait massacrer ses œuvres.) Il le regarda en face et lui dit :

– Alors comme ça, Charmide, tu crois que si tu ne sais pas ce que voulait dire celui qui a défini la sagesse « s'occuper de ses affaires », il ne le sait pas non plus lui-même ?

– Mais, fis-je, mon très cher Critias, s'il l'ignore, cela n'a rien d'étonnant, à son âge ! Toi, tu as toute les raisons de le savoir étant donné ton âge et tes travaux. Donc, si tu acceptes la définition de la sagesse donnée par notre ami et si tu prends le relais dans la discussion, je serais encore plus content d'examiner avec toi si ce qu'on a formulé là est vrai ou non.

– Tout à fait d'accord pour la définition, et pour le relais.

– Bravo ! dis-moi donc si tu réponds oui à la question que je posais à l'instant : est-ce que tout artisan fabrique[1] quelque chose ?

– Certainement.

– Alors, ce qu'ils fabriquent, à ton avis, 163
est-ce que cela se limite à leurs propres affaires, ou concerne aussi celles des autres ?

– Celles des autres aussi.

– Et en fabriquant autre chose que leurs propres affaires, ils sont sages ?

– Oui, où est le problème ?

– Aucun problème, en ce qui me concerne. Mais tu ne crois pas que ça pourrait en être un pour celui qui a posé au départ que la sagesse consiste à s'occuper de ses affaires, et après cela, n'est pas gêné de qualifier de sages ceux qui s'occupent des affaires d'autrui ?

1. Fabrique : = *poïeïn.* Depuis la formulation de la question p. 88-89 (161e), Socrate a changé de verbe. Voir l'introduction.

– Parce que d'après toi, si je déclare sage ceux qui *s'occupent* des affaires d'autrui, j'en fais nécessairement de même pour ceux qui les *fabriquent* ?

– Dis-moi, pour toi, s'occuper d'une chose et la fabriquer, cela n'a pas le même sens ?

– Ah non, pas du tout ! pas plus que « travaux » et « occupations » ne sont synonymes. Hésiode m'a enseigné qu'

il n'y a pas d'opprobre à travailler[1] ;

eh bien, tu crois que s'il avait voulu parler de fabriquer – ou d'avoir pour *occupation* – le genre de choses dont tu parlais tout à l'heure, il aurait dit qu'il n'y a pas d'opprobre à tanner le cuir, à vendre des poissons séchés, ou à travailler dans un bordel ? Tu ne peux pas croire cela, Socrate ! D'après moi, lui aussi faisait une distinction entre s'occuper, fabriquer et travailler, l'occupation ayant parfois l'opprobre pour effet, lorsqu'elle contrevient à ce qui est beau, alors que travailler ne comporte jamais de déshonneur ; car ce qu'il entendait par « travaux », c'est ce que l'on fait de beau et d'utile ; et il qualifiait les actions de ce genre de « réalisations » et d'« accomplissements » .

1. *Les Travaux et les Jours,* v. 309 (traduction de P. Mazon). Vers suivant : « l'opprobre, c'est de ne rien faire ». Contexte : les durs travaux des champs. Horizon : échapper à la pauvreté et à la famine.

D'ailleurs, on doit dire qu'il ne regardait comme propre à chacun [1] que l'utile et le beau, et comme étrangères toutes choses nuisibles. Voilà pourquoi Hésiode – et tout individu sensé fera de même – ne pouvait qu'appeler sage quiconque fait ce qui le regarde.

– Mon cher Critias, je savais quasiment dès le début ce que tu allais dire, en identifiant le propre et le bien de l'individu, et en définissant l'accomplissement comme la réalisation d'actions bonnes. Tu sais, j'ai entendu des centaines de fois Prodicos [2] faire ces distinctions entre différents termes. Moi, je veux bien que tu définisse chaque terme comme tu l'entends, pourvu que tu signales toujours, au fur et à mesure, ce que tu mets sous le terme dont tu te sers. Es-tu d'accord pour définir la sagesse comme le fait d'accomplir, ou de faire (ou autre chose : choisis le verbe que tu voudras) , des actions bonnes ?

– Tout à fait.

– Donc est sage non celui qui agit mal, mais celui qui agit bien ?

– Mais, très cher, ce n'est pas ton avis ?

– Laissons cela ! ne nous occupons pas

1. Propre = *oikeion*. Cf *Lysis*, p. 61 et note.

2. Prodicos de Céos (env. 465/env. 390 av. J. C.), sophiste contemporain de Socrate, auteur notamment du célèbre apologue sur « Héraklès entre le vice et la vertu », qu'on a grâce à Xénophon (*Mémorables* II 1, 21-34)

pour l'instant de mon avis, mais de ce que tu es en train de dire.

– Très bien : je dis que celui qui fait le mal, et non le bien, n'est pas sage ; et que celui qui fait le bien, et non le mal, est sage. Et sache que je définis, sans équivoque, la sagesse comme le fait d'accomplir des actions bonnes.

164 – Peut-être bien qu'il n'y a pas de problème, et que tu as raison. Mais il y a une chose que je me demande : crois-tu que les hommes sages ignorent qu'ils le sont ?

– Ah, non ! je ne crois pas.

– Ce n'était pas toi qui disais, il y a un moment, qu'on pouvait très bien, en tant qu'artisan, être sage même en s'occupant des affaires d'autrui ?

– Si, en effet ; et alors ?

– Attends. Dis-moi si à ton avis un médecin, lorsqu'il rend la santé à quelqu'un, fait une chose utile à lui-même et à celui qu'il soigne ?

– Selon moi, oui.

– Et en faisant cela, il agit comme il faut ?

– Oui.

– Quand on agit comme il faut, est-ce qu'on n'est pas sage ?

– Si fait.

– Mais est-ce que le médecin sait nécessairement dans quels cas ses soins sont utiles, et dans quels cas ils ne le sont pas ? et de même, dans les différents métiers, sait-on forcément si l'on va ou non tirer profit du résultat de son activité ?

– Peut-être bien que non.

– Il y a donc des cas où le médecin, qu'il ait agi de façon utile ou nuisible, ne sait pas lui-même ce qu'il en est [1]. Cependant, s'il a agi utilement, d'après ce que tu disais, il a agi sagement. A moins que tu n'aies voulu dire autre chose ?

– Non.

– Apparemment, il y a donc des cas où, agissant utilement, il agit sagement – donc il est sage –, mais sans savoir qu'il l'est ?

– Ah non, Socrate, cela, c'est impossible. Si tu penses qu'il y a dans mes hypothèses de départ quelque chose qui doivent nécessairement aboutir à cette conclusion, je suis tout prêt à revenir sur telle ou telle de mes affirmations, – et les gens pourraient bien dire que j'ai soutenu des thèses erronées, ça ne me gênerait pas : mais je n'accorderai jamais qu'un homme puisse être sage en se méconnaissant lui-même. Car pour ma part, je n'hésite pas à dire

1. Littéralement : « ne se connaît pas lui-même de quelle façon il a agi », par une tournure courante en grec, et dont l'emploi ici pose un jalon pour la définition ultérieure de la « sagesse » comme connaissance de soi. De même, plus bas, « sans savoir qu'il l'est » = [en s'ignorant lui-même qu'il l'est].

que toute la sagesse consiste justement à se connaître soi-même ; j'en veux pour témoin celui qui a inscrit cette formule à l'entrée du temple de Delphes. Car selon moi, le sens de cette inscription, c'est d'être une parole adressée par Apollon à ceux qui pénètrent dans le sanctuaire, au lieu du « réjouis-toi »[1] ; voulant dire par là que c'est une erreur d'aborder les gens en leur disant de se réjouir, et qu'il convient plutôt de les exhorter à être sages. Le dieu s'adresse ainsi à ceux qui entrent dans le sanctuaire par une formule différente de celle qui a cours chez les humains – c'est du moins, à ce qu'il me semble, ce qu'avait à l'esprit l'homme qui offrit l'inscription en dédicace. Et ce qu'il dit à tous ceux qui entrent se ramène à ceci : « le dieu t'enjoint d'être sage ». Mais il le dit d'une façon quelque peu voilée, comme un prophète. Donc « connais-toi toi-même » et « observe la sagesse » sont une seule et même chose, d'après l'inscription comme d'après moi ; mais peut-être est-il concevable
165 de croire le contraire, comme l'ont fait, à mon avis, ceux qui ont consacré les inscriptions plus récentes, qui disent « rien de trop » et « dommage est près de caution ». C'est qu'ils comprenaient le « connais-toi toi-même » comme un conseil, et non comme une apos-

1. C'est la formule courante pour saluer quelqu'un en grec.

trophe du dieu destinée à ceux qui entrent : voilà pourquoi, comme ils ne voulaient pas être en reste de conseils utiles, ils ont écrit et consacré ces formules... je vais te dire, Socrate, la raison de tout ce discours. De tout ce que j'ai soutenu jusqu'ici, je te laisse juge : peut-être étais-tu davantage dans le juste, ou peut-être était-ce moi – rien de ce que nous avons dit là n'était vraiment décisif – ; mais maintenant, sur ce point-ci, je suis à ta disposition pour m'expliquer : refuseras-tu de m'accorder que la sagesse consiste à se connaître soi-même ?

– Mais, Critias, tu parles comme si je prétendais avoir la réponse aux questions que je pose, et comme si j'allais tomber d'accord avec toi pourvu que je le veuille bien ! tu n'y es pas du tout : c'est parce que je suis moi-même dans l'ignorance que je cherche, avec toi, la réponse aux problèmes au fur et à mesure qu'ils se présentent. Je veux bien te dire si je suis d'accord ou non avec toi, après examen ; mais laisse-moi le temps d'examiner la chose.

– Alors vas-y, réfléchis.

– Voilà, j'y vais. Si la sagesse consiste effectivement à connaître quelque chose, il est clair qu'elle doit être une science, et qu'elle doit avoir un objet. Pas vrai ?

– Oui : c'est la science de soi.

– Et la médecine, c'est la science de ce qui est bon pour la santé ?

– Bien sûr.

– Donc, si tu ma demandais : « étant donné que la médecine est la science de ce qui est bon pour la santé, quelle est son utilité pour nous, et quel résultat produit-elle ? », je répondrais qu'elle est d'une utilité considérable, puisqu'elle a comme effet bénéfique à notre égard de produire la santé, – si tu es d'accord avec moi là-dessus.

– Je suis d'accord.

– Supposons maintenant que tu me demandes quel est, selon moi, le produit de l'architecture, qui est la science de la construction, je dirais que ce sont des bâtiments ; et de même pour tous les autres savoirs techniques. Donc, s'agissant de la sagesse, tu dois, toi aussi, être capable de répondre à qui te demanderait : « Dis, Critias, étant donné que la sagesse est la science de soi, que produit-elle comme résultat bénéfique pour nous et qui soit digne du nom qu'elle porte ? ». Vas-y, réponds.

– Mais, Socrate, ce n'est pas comme cela qu'il faut t'y prendre. Cette science est d'une nature différente des autres, tout comme celles-ci, d'ailleurs, diffèrent entre elles ; et tu mènes ta recherche comme si elles étaient toutes semblables. Voyons, dis-moi : le calcul ou la géométrie ont-ils un produit de la même

espèce que l'architecture, la fabrication de vêtements ou toutes ces autres activités dont on pourrait aisément désigner les produits ? Peux-tu, à ton tour, me citer un produit de ce 166
genre pour chacune de ces deux sciences ? Non, tu ne peux pas.

« Tu as raison, fis-je ; mais je peux te dire, en revanche, ce que chacune de ces sciences a pour objet, et qui se trouve être autre chose que la science en question : ainsi pour le calcul, disons que c'est le pair et l'impair dans leurs relations numériques respectives et mutuelles ; d'accord ?

– Tout à fait d'accord.

– Or le pair et l'impair sont autre chose que la science du calcul ?

– Bien entendu.

– Et la science du pesage, c'est sur les poids qu'elle opère, pour les classer en plus ou moins lourds ou légers ; mais le lourd et le léger sont autre chose que cette science. Pas d'objection ?

– Aucune.

– Alors dis-moi ce que la sagesse a comme objet distinct d'elle.

– C'est ce que je disais, Socrate ! tu touches là à ce qui fait la différence entre toutes les sciences et la sagesse ; mais toi, ce que tu cherches, c'est un point par où elle serait semblable aux autres. Ce n'est pas le cas : en général, toutes les sciences ont un objet différent d'elles et ne portent jamais sur elles-mêmes ; la sagesse est la seule qui porte sur les autres sciences et, en même temps, sur elle-même. Et tu le sais très bien, seulement je crois que tu es en train de faire précisément ce dont tu te défendais tout à l'heure : tu cherches à me mettre en défaut, sans t'occuper de l'objet du débat.

– Tu ne vois donc pas que si je fais de mon mieux pour te coincer, c'est pour la même raison qui, le cas échéant, m'incite à examiner aussi à fond mes propres propos, de peur de me laisser aller à m'imaginer savoir quelque chose que je ne sais pas ! Je t'assure qu'en ce moment même, je n'agis pas autrement : si j'examine ce que nous sommes en train de dire, c'est avant tout dans mon propre intérêt, et peut-être aussi dans celui des gens qui me tiennent à cœur. Tu ne crois pas que c'est un bien susceptible de profiter à tous les hommes ou presque, de connaître avec certitude la nature de tout ce qui existe ?

– Si je le crois, Socrate ? et comment !

– Eh bien alors, courage, mon cher ami ; réponds à ma question suivant ton opinion, sans t'occuper de savoir si c'est Critias ou

Socrate qu'on cherche à réfuter ; concentre-toi sur l'argument en cours, et demande-toi ce qu'il adviendrait de lui s'il venait à être mis en défaut.

– Très volontiers : ce que tu dis là m'a l'air raisonnable.

– Dis-moi donc quelle est ta position concernant la sagesse.

– La voici : c'est, de toutes les sciences, la seule qui porte à la fois sur elle-même et sur les autres.

– Si elle porte sur la science, elle doit donc aussi porter sur l'ignorance ?

– Mais oui.

– Ainsi donc le sage, seul, saura et pourra 167
jauger ce qu'il sait et ce qu'il ne sait pas, et de la même manière, s'agissant des autres, il sera apte à évaluer ce qu'ils savent quand ils croient savoir quelque chose et que c'est effectivement le cas, et aussi les choses qu'ils ignorent tout en étant intimement persuadés [1] de les savoir : et nul autre que lui n'aura cette compétence. Et ce qui caractérise l'état du sage, la sagesse, et la connaissance de soi, c'est précisément cela : connaître ce qu'on sait et ce qu'on ne sait pas. C'est bien ainsi que tu l'entends ?

– Parfaitement.

1. Selon le texte des manuscrits (*autos* et non *au* en 167 a4).

– Alors, reprenons – et que le troisième coup soit le bon ! [1] Demandons-nous, comme si nous partions de zéro, tout d'abord s'il est possible ou pas de savoir que quelqu'un ne sait pas ce qu'il sait et ce qu'il ignore [2], et ensuite, à supposer que ce soit parfaitement possible, de quoi nous servirait cette connaissance.

– Oui, la question mérite examen.

– Eh bien, vas-y, Critias, examine : peut-être auras-tu plus d'idées que moi ; car j'avoue que je suis dans une impasse. Tu veux savoir pourquoi ?

– Bien sûr !

– En somme, s'il faut t'en croire, tout cela revient à dire qu'il existe une science, et une seule, qui n'a d'autre objet qu'elle-même et les autres sciences, et qui porte en même temps sur l'ignorance ?

– Tout à fait.

– Tu te rends compte, mon ami, à quel point ce que nous nous essayons de formuler en ce moment est bizarre ? à mon avis, si tu cherches ce genre de rapport dans n'importe quel autre domaine, tu trouveras qu'il est impossible.

– Que veux-tu dire au juste ? tu as des exemples ?

1. Littéralement : « la troisième [libation] à [Zeus] Sauveur », suivant le rite consacré dans les banquets.

2. Texte des manuscrits, sans addition en 167 b2.

– En voici. Réfléchis un peu : est-ce que d'après toi il existe un type de vision qui ait comme objet, non pas le même que les autres types de vision, mais elle-même et les autres visions ainsi que les non-visions ; et qui, tout vision qu'elle soit, ne verrait aucune couleur, mais se verrait elle-même ainsi que les autres visions ? crois-tu qu'un chose pareille existe ?

– Grands dieux, non !

– Et que dirais-tu d'une audition qui n'entendrait aucun son, mais uniquement elle-même ainsi que les autres auditions ou surdités ?

– Impossible aussi.

– Résumons-nous : peux-tu, parmi toutes les formes de perception, en trouver une qui te paraisse être perception des perceptions et d'elle-même, sans rien percevoir de ce qui fait l'objet des autres sortes de perception ?

– Ma foi, je ne crois pas.

– Mais crois-tu qu'il y ait un désir qui n'ait pour objet aucune espèce de plaisir, mais uniquement lui-même ainsi que les autres désirs ?

– Sûrement pas.

– Ni, je crois, une volonté qui n'aurait pour but aucun bien, mais seulement elle-même et les autres volontés.

– En effet.

– Et dirais-tu qu'il existe un désir ainsi fait

qu'il ne désire rien de beau, mais se borne à se désirer lui-même, ainsi que les autres désirs ?

– Non, je ne pense pas.

– Et conçois-tu une peur qui se craindrait
168 elle-même ainsi que les autres peurs, sans rien craindre de ce qui est redoutable ?

– Non.

– Ou une opinion qui serait opinion sur elle-même et sur les autres opinions, mais n'aurait rien à dire des sujets auxquels touchent ces autres opinions ?

– En aucune façon.

– Mais, si je comprends bien, nous soutenons qu'il existe une science de ce type, ainsi faite qu'elle ne porte sur aucune connaissance, mais exclusivement sur elle-même et sur les autres sciences ?

– C'est bien cela.

– N'est-ce pas bizarre, à supposer qu'une telle chose existe ? car nous ne devons pas, pour le moment, affirmer qu'elle n'existe pas : il nous faut tout d'abord examiner ce qu'il en est.

– Tu as raison.

– Voyons : il s'agit donc d'une science qui est science *de* quelque chose [1], en vertu d'un propriété qui la rend telle ; pas vrai ?

1. En grec « est *de* qch » = porte sur, a pour objet : la construction est la même dans le cas, développé ensuite, d'un rapport de grandeur (plus grand *que* quelque chose).

– Si, tout à fait.

– Et nous disons aussi qu'une grandeur supérieure est supérieure à une autre en vertu d'une propriété qui la rend telle ?

– Certainement.

– Ce sera donc à une grandeur inférieure, si l'on admet qu'elle est supérieure.

– Forcément.

– Si donc nous trouvions une grandeur supérieure qui serait à la fois supérieure à elle-même et aux autres grandeurs supérieures, mais sans être supérieure à aucune des grandeurs inférieures à celles-ci, elle serait, quoi qu'on fasse, en position d'être inférieure à elle-même, du moment qu'elle serait supérieure à elle-même. Tu ne crois pas ?

– Si, Socrate, c'est on ne peut plus inévitable.

– Et si l'on suppose un quantité qui soit le double des autres doubles et d'elle-même, elle sera, dans le même temps, une moitié : car il ne peut y avoir de double d'autre chose que d'une moitié.

– C'est exact.

– Et tout ce qui est supérieur à soi-même y sera aussi (n'est-ce pas ?) inférieur, et plus léger ce qui est plus lourd, et plus jeune ce qui est plus vieux, et ainsi de suite ; dans tous les cas, ce dont la propriété s'applique à soi-même n'aura-t-il pas forcément la qualité corrélative de cette propriété ? je m'explique. Nous disons par exemple que l'audition ne peut entendre autre chose que du son ; d'accord ?

– Oui.

– Alors, si l'on admet qu'elle s'entend elle-même, cela suppose qu'elle soit elle-même sonore, puisqu'autrement elle ne pourrait rien entendre.

– Aucun moyen de faire autrement.

– La vue aussi alors, très cher ami, doit nécessairement avoir une couleur, si l'on admet qu'elle se voit elle-même : comment la vue pourrait-elle voir un objet sans couleur ?

– En effet, c'est impossible.

– Eh bien, Critias, tu vois que dans tous les cas examinés, il nous apparaît soit complètement impossible, soit hautement improbable qu'une chose puisse appliquer à elle-même sa propriété. En tout cas, pour ce qui est des grandeurs et des nombres et des réalités de cet ordre, c'est complètement impossible. Tu ne crois pas ?

– Si fait.

– Quand à l'ouïe et à la vue, ou encore au mouvement (un mouvement capable de se mouvoir lui-même) et à la chaleur (une chaleur qui s'échaufferait elle-même), tout cela a de quoi susciter l'incrédulité – ou peut-être pas, suivant les gens... Ce qu'il faudrait là, 169 mon ami, c'est un grand homme, capable de faire la distinction, cas par cas, entre toutes ces choses, et de juger si rien au monde, excepté la science, n'est de nature telle qu'il s'applique à lui-même sa propriété, mais seulement à autre chose que soi, – ou si c'est quelquefois le cas, quelquefois non ; il nous dirait aussi, au cas où certaines choses entretiendraient ce type de rapport avec elles-mêmes, s'il faut compter parmi elles cette science particulière que nous disons être la sagesse. Pour moi, je ne me crois pas assez doué pour établir ces distinctions-là. Je ne peux donc pas dire à coup sûr s'il est possible qu'une science de la science existe ; et, à supposer que ce soit tout à fait possible, je n'admets pas qu'elle soit identique à la sagesse avant d'avoir examiné si, avec ces caractéristiques, celle-ci nous serait utile ou non. Car j'ai l'intuition que la sagesse est, elle, quelque chose d'utile et de bénéfique. Voici donc, fils de Callaischros, ce que tu as à faire – puisque tu soutiens justement l'hypothèse que la sagesse est la science de la science, et aussi de l'ignorance : tout d'abord, montrer que tu peux prouver ce que je viens de dire ; puis que, en plus d'être possible, la chose serait utile. Tu aurais alors des chances de me persuader que ta définition de la sagesse est correcte.

Alors Critias, m'entendant dire cela et constatant mon embarras, eut la même réaction que les gens qui voient bâiller quelqu'un en face d'eux : il me sembla qu'il se retrouvait englué dans mon embarras et forcé de douter lui-même. Et comme, en règle générale, il était toujours plein d'idées, il était vexé vis-à-vis de l'auditoire et ne voulait pas reconnaître son incapacité à établir des distinctions comme je l'invitais à le faire ; mais d'autre part, il évitait de se prononcer clairement, afin de dissimuler son embarras. J'intervins donc, pour faire avancer la discussion :

– Écoute, Critias, nous allons admettre pour le moment qu'il puisse exister une science de la science : quant à examiner si c'est le cas ou non, nous y reviendrons. Eh bien, supposons la chose parfaitement possible : en quoi cela permettrait-il davantage de savoir ce qu'on sait et ce qu'on ne sait pas ? car nous avons bien dit que c'est en cela que consiste la connaissance de soi, la sagesse. Pas vrai ?

– Parfaitement, et justement il y a coïncidence entre les deux, Socrate : si l'on a la science qui se connaît elle-même, on doit être fait de la même façon que ce qu'on a – ainsi, quand on a la vitesse, on est rapide, quand on a la beauté, on est beau, quand on a la connaissance, on est instruit – ; et si l'on a la connaissance qui se connaît elle-même, il faut bien en déduire qu'on se connaît soi-même.

– Cela, je n'en doute pas ; je veux bien croire qu'on se connaît soi-même lorsqu'on possède ce qui se connaît soi-même ; mais dans cette hypothèse, pourquoi saurait-on forcément ce que l'on sait et ce qu'on ne sait pas ?

– Parce que, Socrate, savoir l'un et l'autre – et 170
les deux ne sont qu'une seule et même chose –, c'est la même chose que de se connaître [1].

– Peut-être ; mais je crains de n'en être toujours pas plus avancé. Je ne comprends pas, à présent, pourquoi ce serait la même chose de savoir ce qu'on sait, et de savoir ce qu'on ignore.

– Que veux-tu dire ?

– Écoute. Soit une science qui a pour objet la science : pourra-t-elle faire plus que de distinguer, à chaque fois, entre ce qui est science et ce qui ne l'est pas ?

– Non ; pas plus, et pas moins.

– Bon ; est-ce que la science (ou l'ignorance) de ce qui est sain est la même chose que la science (ou l'ignorance) de ce qui est juste ?

– Pas du tout.

1. Le texte est celui des manuscrits (170 a3) sans la correction ; ma traduction, qui glose un peu, suit l'interprétation de B. Witte (op. cit., p. 126, note). De même en 170 a10, je garde le texte des manuscrits non corrigé.

– C’est cela : la première, j’imagine, c’est la médecine ; la seconde est la politique ; mais ce dont nous parlons, c’est la science, sans plus.

– Forcément.

– Donc, supposons quelqu’un qui, ignorant par ailleurs ce qui est juste et ce qui est bon pour la santé, connaîtrait uniquement la science ; cette science se bornant à lui faire connaître qu’il sait des choses et qu’il possède une certaine espèce de science, on est en droit de supposer que ce savoir-là, il l’aurait aussi bien dans son propre cas que dans celui des autres. Pas vrai ?

– Si.

– Mais l’objet même de son savoir, comment le connaîtrait-il au moyen de cette science ? car c’est bien la médecine, n’est-ce pas, et non la sagesse, qui nous fait connaître ce qui est bon pour la santé ; pour les notes qui sonnent bien, c’est la musique (et non la sagesse) ; pour l’art de bâtir, c’est l’architecture (et non la sagesse), et ainsi de suite ; non ?

– Si, apparemment.

– Alors, comment la sagesse – si elle n’est rien d’autre que science de la science – pourrait-elle lui permettre de savoir qu’il sait ce qui est bon pour la santé, ou bien l’art de bâtir ?

– C’est impossible.

– Donc, s'il est dans l'ignorance de ce point, il ne saura pas *ce qu'il sait* : il saura seulement *qu'il sait.*

– Oui, on dirait.

– Donc être sage, avoir la sagesse, cela ne peut pas consister, apparemment, à savoir ce qu'on sait et ce qu'on ne sait pas, mais seulement à savoir qu'on sait ou que l'on ne sait pas.

– C'est probable.

– Donc notre homme ne sera pas en mesure de vérifier si un autre que lui qui dirait savoir quelque chose sait effectivement la chose qu'il dit savoir, ou s'il l'ignore : tout ce qu'il pourra faire, ce sera de reconnaître qu'il possède une science ; mais quant à l'objet de cette science, la sagesse lui ne permettra pas de savoir ce qu'il est.

– Il semble bien que non.

– Il ne saura donc pas faire la différence entre un homme qui se donne pour médecin mais qui ne l'est pas, et un médecin véritable, ni entre vrai et faux détenteur d'aucune autre science. Voici donc la question que nous devons considérer : si l'on veut que le sage, ou n'importe qui d'autre, puisse détecter vrai et faux médecin, comment s'y prendra-t-il ? premièrement, il ne s'entretiendra sûrement pas avec lui de questions médicales – car nous avons dit que le médecin ne s'entend qu'à une chose : distinguer ce qui est nuisible, ou bon, pour la santé ; tu es d'accord ?

– Oui, c'est cela.

– Mais au sujet de la science, il ne sait rien : cela, nous avons dit que c'est le domaine exclusif de la sagesse.

– Oui.

– Alors, le médecin ne connaît pas non plus la médecine, puisqu'il se trouve que la
171 médecine est une science.

– C'est exact.

– Donc le sage saura bien reconnaître que le médecin possède un certaine science ; mais quand il s'agira de déterminer sa nature, que fera-t-il, sinon chercher à savoir quel est son objet ? n'avons-nous pas recouru à ce critère de l'objet spécifique pour définir chaque science dans sa particularité ?

– Si fait.

– Et dans le cas de la médecine, nous l'avons définie comme différant des autres sciences en ce qu'elle a pour objet ce qui est sain et ce qui nuit à la santé.

– Oui.

– Alors, si l'on veut examiner la médecine, il faudra, n'est-ce pas, faire porter cet examen sur son objet propre – et non sur des domaines qui ne relèvent pas de son application ?

– Évidemment.

– Donc, pour procéder correctement, on devra tester le médecin sur le terrain de ce qui est, ou non, bénéfique pour la santé.

– Il semble bien.

– Ce sera donc en considérant ce qu'il fait et dit dans ce domaine : il faudra vérifier si les propos qu'il tient et sa pratique sont corrects.

– Forcément.

– Mais, dans les deux cas, peut-on comprendre de quoi il retourne sans le secours de la médecine ?

– Sûrement pas !

– Donc le seul à pouvoir le faire, c'est un médecin, et personne d'autre, pas même le sage – à moins qu'en plus de la sagesse, il ne soit aussi médecin.

– C'est bien cela.

– Eh bien, tu vois : si la sagesse est uniquement science de la science et de l'ignorance, elle ne permettra jamais de distinguer entre un médecin qui connaît son affaire et un qui n'y connaît rien, mais croit qu'il s'y connaît, ou fait semblant ; ni, en général, entre savoir et non savoir dans n'importe quel domaine – excepté, pour chacun, dans le sien propre, comme c'est le cas dans tous les métiers.

– Oui, on dirait.

– Mais, Critias, dans ces conditions, à quoi

nous servirait la sagesse ? si, comme nous en avions émis l'hypothèse au départ, le sage savait ce qu'il sait et ce qu'il ne sait pas (sachant, dans un cas qu'il sait, et dans l'autre, qu'il ne sait pas), et pouvait vérifier où en sont les autres sous ce même rapport, nous sommes d'accord que ce serait pour nous d'une très grande utilité. Nous passerions alors toute notre vie sans erreur, nous qui posséderions la sagesse, ainsi que tous ceux qui seraient placés sous notre autorité : car nous n'essayerions jamais de faire ce que nous ne savons pas faire, mais nous en chargerions ceux qui s'y connaissent, une fois que nous aurions déterminé de qui il s'agit ; et de même, s'agissant des gens qui dépendraient de nous, nous ne leur laisserions faire que ce qu'ils seraient à même de faire correctement – c'est à dire les choses dont ils posséderaient la science ; si bien que notre maison serait bien administrée (puisqu'elle le serait par la sagesse), notre cité bien gouvernée, et de même partout où le pouvoir serait à la sagesse. Car une fois l'erreur
172 supprimée, si c'est la rectitude qui montre le chemin, avec de telles dispositions, on ne peut que bien faire et réussir tout ce qu'on entreprend ; et bien faire, c'est être heureux[1].

1. « Bien faire » correspond au grec *eu prattein,* qui veut dire aussi « réussir ». Le bien dont il s'agit ici, c'est la compétence qui vient du savoir véritable (*epistèmè*) ; la question du bien moral sera dégagée plus tard (voir p. 118 à 121).

N'est-ce pas là, Critias, ce que nous voulions dire de la sagesse, en disant à quel point il est profitable de savoir ce qu'on sait et ce que l'on ignore ?

– C'est tout à fait cela.

– Oui mais, comme tu vois, il nous est apparu qu'aucune science de ce type n'était jamais possible.

– Je vois bien.

– Et si l'avantage de ce que nous identifions maintenant comme la sagesse (savoir reconnaître la science et l'ignorance) c'était, pour celui qui l'a, une facilité accrue à apprendre dans n'importe quel domaine, avec la faculté de distinguer plus clairement ce dont il s'agit, parce qu'en plus de l'objet – quel qu'il soit – de cet apprentissage, on aurait une vision claire de la science ? on arriverait alors aussi à plus de justesse lorsqu'on examinerait les autres dans les domaines relevant de son propre apprentissage – alors que ceux qui voudraient se livrer à cet examen sans l'appui de la sagesse arriveraient à des résultats moins certains et de moins de valeur ? Si c'était là, mon ami, le genre de bien que nous pouvons attendre de la sagesse, tandis que nous avons en vue quelque chose de plus considérable et demandons à ce bien-là d'être plus grand qu'il n'est ?

– Ma foi, c'est possible.

– Peut-être bien... peut-être aussi que nous avons axé notre recherche sur une chose qui ne sert à rien. J'en veux pour indice que si la sagesse est telle que nous l'avons dit, je vois s'ensuivre d'étranges affirmations. Si tu veux bien, voyons ce qu'il en est. Nous admettrons savoir[1] qu'il est possible de reconnaître la science ; nous ne contesterons pas davantage la définition donnée de la sagesse depuis le début (savoir ce qu'on sait et ce qu'on ne sait pas) – tout cela, nous l'accorderons ; et une fois toutes ces concessions faites, regardons-y mieux, et demandons-nous à quoi nous servirait une chose ainsi faite. Car pour ce que nous disions tout à l'heure – que la sagesse, ainsi définie, nous serait un grand avantage en ce qu'elle règlerait l'administration tant domestique que politique, je crois, Critias, que nous avons eu tort de l'admettre.

– Comment cela ?

– N'avons-nous pas admis sans difficulté que ce serait un grand bien pour l'humanité si chacun de nous s'occupait de ce qu'il connaît et laissait le soin du reste – ce qu'il ne connaît pas – à ceux qui s'y connaissent ?

– Mais oui ; et nous aurions eu tort ?

1. Texte des manuscrits, sans la suppresion de *eidenai* en 172 c8.

– J'en ai peur.

– Vraiment, Socrate, ce que tu dis là est bizarre.

– Nom d'un chien ! je suis bien de cet avis ; pourtant, comme je t'ai dit, j'ai vu se profiler, il y a un instant, des affirmations assez bizarres, d'où mon soupçon que nous ne soyons en train de faire fausse route. Je t'assure que si la sagesse correspond bien à notre
définition, il ne me semble pas du tout évident 173
qu'elle ait pour nous un effet bénéfique.

– Comment cela ? parle, que l'on comprenne ce que tu veux dire.

– Écoute, je crois que je dis n'importe quoi...mais on est tout de même bien forcé d'examiner ce qui vous passe par la tête, si on a tant soit peu d'égards pour soi-même.

– Oui, tu as raison.

– Eh bien, écoute mon rêve et dis-moi s'il est passé par la porte d'ivoire ou par celle de corne[1]. Si la sagesse, telle que nous la définissons à présent, gouvernait toutes nos actions, tout se ferait, n'est-ce pas, suivant les règles des différentes sciences : jamais nous ne nous laisserions avoir par un homme qui se prétendrait pilote sans l'être, ni par un faux médecin

1. Allusion à Homère, *Odyssée* XIX, v. 563-567 : les rêves qui viennent en passant par la porte de corne disent la vérité ; les autres nous trompent.

ou un faux stratège ; quiconque se donnerait comme sachant ce qu'il ne sait pas, dans n'importe quel domaine, serait percé à jour. Le résultat pour nous de cet état de choses serait bien entendu de jouir d'une meilleure santé physique, d'échapper aux périls de la guerre et des traversées maritimes, d'avoir de la vaisselle, des vêtements, des chaussures et toutes nos affaires fabriqués suivant les règles de l'art – et bien d'autres choses encore, grâce au recours à d'authentiques spécialistes. Et si tu es d'accord, nous admettrons aussi que la divination est la science des événements à venir, et que la sagesse, en contrôlant son action, permet d'écarter les charlatans et d'asseoir parmi nous l'autorité des vrais devins en tant qu'interprètes de l'avenir. Et je conçois bien qu'une fois muni de ces atouts, le genre humain agirait et vivrait conformément à la science : car la sagesse monterait la garde et empêcherait l'ignorance de venir s'immiscer dans ce que nous faisons. Mais quant à savoir si, agissant conformément à la science, nous ferions bien [1] et serions heureux pour autant, cela, mon cher Critias, j'avoue que cela me dépasse.

– Pourtant, si tu écartes le fait d'agir

1. « Nous ferions bien » : même tournure qu'en 172 a : voir p. 115, note 20.

conformément à la science, tu auras du mal à trouver ailleurs une forme accomplie du bien faire.

– Alors, dis-moi encore une petite chose. Quel est l'objet de la science dont tu parles ? la découpe du cuir ?

– Grands dieux, non !

– Le travail du bronze, alors ?

– Pas du tout.

– Alors c'est celui de la laine, ou du bois, ou d'autre chose du même genre ?

– Certainement pas.

– Je vois donc que nous ne soutenons plus la thèse d'après laquelle on est heureux lorsque l'on vit conformément à la science, puisque tu nies que les gens dont nous venons de parler soient heureux ; j'ai l'impression que tu définis (à bon droit) l'homme heureux comme celui qui vit conformément à une science concernant cerains objets particuliers [1]. Peut-être penses-tu au cas que nous évoquions à l'instant : celui du devin, qui a la connaissance des
événements à venir. Est-ce bien cela, ou autre 174
chose ?

– Cela et autre chose aussi.

– Quoi donc ? veux-tu parler d'un être tel qu'il connaîtrait, outre l'avenir, la totalité du

1. Suivant le texte de Burnet, mais en lisant *eu,* et non *su* (173 e9).

passé et du présent, si bien qu'il n'ignorerait rien ? prenons pour hypothèse qu'il existe. Car tu ne diras pas, je pense, qu'il y ait au monde un seul être vivant plus en accord avec la science que celui-là !

– Certes non.

– Alors, j'aimerais savoir encore ceci : quelle est la science qui rend cet être heureux ? ou bien y contribuent-elles toutes au même titre ?

– Ah non, pas du tout au même titre.

– Alors, laquelle joue le plus grand rôle ? qu'est-ce donc qu'il connaît, grâce à celle-là, des événements présents, passés et à venir ? les règles du trictrac ?

– Le trictrac ! qu'est-ce que tu racontes !

– Le calcul, alors ?

– Pas du tout.

– Ce qui est bon pour la santé ?

– Ce serait plutôt cela.

– Mais la science prépondérante dont je parle, quel objet lui permet-elle de connaître au juste ?

– C'est celle au moyen de laquelle il connaît le bien et le mal.

– Misérable ! voilà longtemps que tu me fais tourner en rond, en essayant de me dissimuler qu'en fin de compte, ce qui permet de bien faire et qui rend heureux, ce n'est pas de vivre conformément à la science, pas même conformément à *toutes* les sciences, excepté une seule : celle du bien et du mal. Regarde, Critias : si de toutes les sciences, tu supprimes seulement celle-là, est-ce que la médecine cessera pour autant de nous maintenir en bonne santé, l'art du cordonnier de nous chausser, le tissage de nous fabriquer des vêtements ? l'art du pilote ne nous préservera-t-il plus de mourir en pleine mer, et celui du stratège de mourir à la guerre ?

– En effet, cela ne changera rien.

– Par contre, mon cher Critias, si cette science n'est plus là, nous n'aurons plus aucune garantie que ces différentes activités se déroulent vraiment *bien*[1] et conformément à notre intérêt.

– Tu as raison.

– Seulement il semble bien qu'il ne s'agit pas là de la sagesse, mais de la science dont l'effet est de nous être utile. Car cette science ne porte pas sur les savoirs et les non-savoirs, mais sur le bien et le mal ; par conséquent, à supposer que la sagesse, par elle-même, nous soit utile, nous n'en devrions pas moins consi-

1. Vraiment bien = *eu ge*. Ici, il est clair que « bien » a pris un sens moral ; il ne s'agit plus de conformité à une norme technique (savoir-faire, art ou science), mais de la question des valeurs.

dérer la *science de l'utilité* comme distincte d'elle[1].

– Et comment ne nous serait-elle pas utile ? Si la sagesse est bien, par excellence, la science des sciences, elle doit superviser toutes les autres, et, en gouvernant celle du bien et du mal, elle ne peut que nous être utile.

– Est-ce qu'elle nous maintiendrait aussi en bonne santé, elle, et non la médecine ? est-ce qu'elle jouerait le rôle des autres savoirs, au lieu que ceux-ci fassent chacun son travail ? n'avons-nous pas constamment souligné, depuis tout à l'heure, qu'elle est uniquement science de la science et de l'ignorance, à l'exclusion de tout autre objet ? je me trompe ?

– Non, je ne crois pas.

– Alors, elle ne saurait être productrice de santé...

– Sûrement pas.

175 – ... puisque nous avons vu que la santé relève d'une autre compétence. C'est bien cela ?

– Oui.

– Et pas davantage d'utilité, mon ami : là

1. Toute la traduction de ce passage s'appuie sur l'interprétation (et les choix textuels) de B. Witte (op ; cit, p. 136 à 138). Pour le texte :
– 174 d6 : *autè* (esprit doux), non *hautè* ; pas de ponctuation après *ôphelimè* ;
– 174 d7 : maintien de *hè ophelimè*.

encore, nous venons de reconnaître que cela relève d'une autre compétence. Pas vrai ?

– C'est parfaitement exact.

– Alors comment veux-tu que la sagesse soit utile, si elle n'est productrice d'aucune utilité ?

– Apparemment, Socrate, c'est tout à fait exclu.

Eh bien, Critias, tu vois que les craintes que j'avais depuis longtemps n'étaient pas sans fondement : j'avais donc raison de m'en prendre à moi-même et de dire que je n'arrive à rien, dans cette investigation sur la sagesse ! car si ma méthode avait quelque valeur, nous n'en serions pas venus à considérer comme inutile cela même que nous reconnaissons comme la plus belle chose au monde. Nous voici maintenant battus sur tous les fronts, incapables de découvrir à quelle réalité le législateur a bien pu assigner ce nom de « sagesse ». Pourtant, nous avons admis, au cours de la discussion, bien des points en faveur desquels nous n'avions pas matière à conclure : par exemple, qu'il y a une science de la science, ce qui, d'après notre argumentation, était bel et bien impossible. Nous avons admis aussi, sans que notre argumentation nous y autorise davantage, que cette science pouvait connaître les produits des autres sciences, et ce, pour pouvoir affirmer que le sage possède une science lui permettant de distinguer qu'il sait ce qu'il sait, et qu'il ignore ce qu'il ignore. Et là, nous avons fait une concession extrêmement généreuse, sans nous aviser qu'il est impossible de connaître, d'une façon ou d'une autre, ce que par hypothèse on ignore complètement : car notre thèse impliquait que l'on sache ce que l'on ne sait pas. Pourtant il me semble que rien ne saurait davantage choquer la logique ! En fin de compte, en nous montrant, dans cette recherche, si bon public et si peu rigoureux , nous ne l'avons guère aidée à trouver la vérité ; elle en a, au contraire, fait assez bon marché pour nous permettre de considérer comme inutile (quelle insolence !) ce que nous avions défini et élaboré de concert comme étant la sagesse. Et c'est encore pour mon propre compte que je suis le moins en colère. Mais, Charmide, je suis très fâché pour toi, si vraiment, de toute la sagesse qui éclate dans ton aspect extérieur comme dans ton âme, tu ne dois retirer aucun profit, et si sa possession ne doit te servir à rien dans la vie. Et ce qui me fâche encore plus, c'est cette invocation que je tiens du Thrace, quand je pense que tout ce mal que je me suis donné n'a servi qu'à

m'apprendre à invoquer magiquement une chose qui ne vaut rien. Mais cela, je n'y crois pas : je crois plutôt que c'est moi qui ai mal cherché ; car je suis convaincu que la sagesse est un bien très précieux, et que, si tant est que tu la possèdes, tu es le plus heureux des hommes. Demande-toi donc si tu l'as, auquel 176
cas tu n'aurais nul besoin de l'incantation ; et alors, je te conseillerais plutôt de me considérer comme un fou, inapte à toute recherche rationnelle, et de te regarder toi-même comme d'autant plus heureux que tu es plus sage. »

Et Charmide de s'exclamer : « Par Zeus ! je ne saurais dire, Socrate, si je l'ai ou non : comment pourrais-je savoir une chose dont vous-mêmes, de ton propre aveu, n'avez pas pu trouver de définition satisfaisante ? Mais je ne te crois pas tout à fait : je suis bien convaincu d'avoir besoin du sortilège ; et pour ma part, Socrate, je ne vois pas pourquoi je ne me livrerais pas à tes incantations aussi longtemps que tu le jugeras nécessaire.

– Eh bien, Charmide, dit Critias, si tu fais cela, j'y verrai un signe de ta sagesse, – si tu demandes à Socrate d'opérer sur toi ses incantations, sans jamais le lâcher d'un semelle.

– Oui, je vais le suivre et ne le lâcherai plus : j'aurais grand tort si je ne suivais pas les conseils de mon tuteur, et si je ne faisais pas ce que tu m'ordonnes.

– Eh bien, je te l'ordonne.

– Je le ferai donc, en commençant dès aujourd'hui.

– Dites donc, vous deux ! qu'est-ce que vous complotez ?

– Rien du tout, fit Charmide : c'est déjà tout vu.

– Je devrai donc céder à la contrainte , sans même avoir pu t'expliquer ma cause ?

– Oui, puisque c'est Critias qui me l'ordonne ; à toi de prendre tes dispositions.

– Mais, dis-je, je n'ai plus le choix : quel est l'homme au monde qui pourrait te résister quand tu as décidé de faire quelque chose, si en plus tu es prêt à user de la contrainte !

– Alors, fais comme tout le monde : pas de résistance !

– Fais-moi confiance, je ne résisterai pas.

TRANSCODÉ
ET ACHEVÉ D'IMPRIMER
EN NOVEMBRE 1992
SUR LES PRESSES DE
L'IMPRIMERIE HÉRISSEY
A ÉVREUX (EURE)

Dépôt légal : novembre 1992
N° d'édition : 0155
N° d'impression : 59952
Imprimé en France